공학자,
베토벤에 빠지다

An engineering professor falls for Beethoven,
while walking through books, paintings, and films.

공학자, 베토벤에 빠지다

An engineering professor falls for Beethoven, while walking through books, paintings, and films.

하창식 저

도서출판
문창별

일러두기

1. 음악의 작품 표기는 <피아노 협주곡 5번 내림마장조, 작품번호 73>과 같이 나타내었다.

2. 다른 저자의 책에서 구문이나 문장을 직접 인용한 부분은 큰따옴표(" ")로 표시하였다. 마찬가지로, 블로그나 혹은 다른 출처로부터 인용된 글들도 큰따옴표로 표시하였다.

3. 또한, 인명이나 지명 등이 외래어일 경우, 번역본들에 표기된 외래어를 그대로 인용하였다. 다만 같은 낱말의 외래어인데도 각종 문헌에 다른 발음으로 되어 있는 것은 가장 많이 사용되는 발음 표기로 통일하였다. 가령 Joseph, Josef 등은 '요제프'로, Eduard는 '에두아르드'로, Georg는 '게오르크'로 통일하여 나타내었다. 하지만 영국 화가 윌리엄 터너의 이름에 사용된 Joseph의 경우는 영국식 발음을 따라 '조지프'라는 이름으로 나타내었다.

4. 책의 작품명은 『 』로, 작품 속의 장, 절의 제목이나, 신문 이름, 시 혹은 곡의 제목 등은〈 〉로 나타내었다. 그리고 잡지 이름은《 》로, 가곡 제목은 ♪…♪와 같이 나타내었다.

5. 이 책에 수록된 그림이나 초상화를 그린 작가들의 자화상이나 초상은 따로 부록의 도판에 정리하였다.

6. 이 책에 수록된 도판(사진이나 그림) 및 관련 출처 등은 대부분 퍼블릭 도메인(public domain) 사이트 자료를 사용하였다.

7. 이 책에 수록된 그림이나 사진들 중 일부는 편집 과정에서 이미지 확대 작업으로 인쇄 화질이 다소 낮아질 수도 있음을 양해바랍니다.

8. 저자의 정보 부족으로 저작권 보호를 받는 도판이 포함되어 있을 경우, 해당 도판에 대해 연락을 주시면 필요한 조치를 취해 재쇄 제작시에 반영하겠습니다.

도판 목록

부록의 도판으로 따로 묶은, 이 책에 수록된 그림이나 초상화를 그린 작가들의 자화상 또는 초상 목록은 아래와 같다.

1. 마리아 바르바라 크라프트 (1764~1825년)
2. 요제프 카를 슈틸러(1781~1858년)
3. 프란츠 세라프 한프스타엔글 (1804~1877년)
4. 베네딕트 베켄캄프 (1747~1828년)
5. 발타자르 데너 (1685~1749년)
6. 요한 야코프 하이트 (1704~1767년)
7. 레오폴트 쿠펠비저 (1796~1862년)
8. 요제프 에두아르드 텔처 (1801~1837년)
9. 요한 밥티스트 폰 람피 더 엘더 (1751~1830년)와 요한 밥티스트 폰 람피 더 영거(1775~1837년) 부자(父子)
10. 윌리엄 샤프 (1749~1824년)
11. 요제프 크리후버 (1800~1876년)
12. 펠릭스 스톤 모셸레스 (1833~1917년)
13. 에두아르드 마그누스 (1799~1872년)
14. 루트비히 에밀 그림 (1790~1863년)
15. 아돌프 프리드리히 에르트만 폰 멘첼 (1815~1905년)
16. 가스파레 랜디 (1756~1830년)

17. 앙겔리카 카우프만 (1741~1807년)

18. 존 윌리엄 워터하우스 (1849~1917년)

19. 조지 롬니 (1734~1802년)

20. 에듬 케느데 데 리세 (에듬 케느데; 1756 - 1830년)

21. 르네 (프랑수아-자비에) 프리네 (1861~1946년)

22. 리오넬로 발레스트리에리 (1872~1958년)

23. 크리스티안 오르네만 (1765 ~1844년)

24. 조지프 말로드 윌리엄 터너 (1775~1851년)

25. 뉴웰 컨버스 와이어스 (1882~1945년)

26. 쿠니쿤데 소피에 루도비케 시마노비츠 (1759 - 1827년)

27. 요제프 단하우즈 (1805~1845년)

28. 구스타프 클림트 (1862 ~ 1918년)

차 례

머리말

An engineering professor falls for Beethoven,

while walking through books, paintings, and films.

머리말

해당 전문 분야를 전공한 사람들과 달리, 취미로 무엇을 좋아하면 'OO 애호가' 혹은 '아마추어 OOO'이라 부른다. 1980년대 일본에서 유행한 '오타쿠(お宅)'에서 유래된 '덕후'라는 말이 가끔 사용될 때도 있다. 아마추어랑 비슷하지만, '딜레탕트(dilettante)'라는 용어도 있다. 딜레탕트는 이탈리아어 'dilettare(즐기다)'에서 나온 말이다. 흔히 직업이 아닌 관심으로 특정 분야에 손을 대거나 예술이나 지식 분야에 일반적이지만 피상적인 관심을 가진 아마추어를 말할 때 사용된다. 재능이 부족한 예술가, 혹은 얕은 지식을 가진 전문가쯤의 뜻으로 사용되는 이 말은 좀 과장해서 말하자면, 모르면서 아는 척하는 아마추어란 뜻이 아닐까 한다. 나아가 조금 비꼬는 투의 아마추어를 뜻하는 것으로 여겨진다.

막상 딜레탕트 같은 필자 자신이, 특히나 음악이나 문학 등 예술과는 어딘지 모르게 거리가 멀 것 같은 공과대학 교수로 40년간 강단에 서 온 사람이 베토벤을 이야기하려니 쑥스럽다. 고전음악에 대해 그리 잘 알지 못하는 사람들도 베토벤의 이름과 그의 작품 몇몇은 한 번쯤은 들어보았을 것이다. 음악 전공자도 아니고 딜레탕트에 해당하는 필자가, 감히 음악의 성인 곧, 악성(樂聖) 베토벤 이야기를 하자니 사실 두렵기도 하다.

게다가 요즈음 책이나 유튜브, 혹은 TV 강연 등을 통해 어떤 전문 분야에 대해서나 적절한 해설 내용을 쉽게 접할 수 있다. 음악 분야도 예외가 아니다. 주위에는 정말 쉽고 재미있는 음악 혹은 음악가에 관한 해설들이 넘쳐난다. 특히나 베토벤 같은 유명 음악가라면 더욱 그렇다. 이런 의미에서 음악 전공자들이 보면 괜히 잘 모르면서 아는 척한다고 힐난할까 봐 염려되기도 한다.

필자가 아는 지식이란 게 고작 이 책, 저 책, 이런 블로그, 저런 블로그, 이런 유튜브, 저런 포털 사이트 등을, 여기 기웃 저기 기웃하면서 얻은 지식일 뿐이기 때문이다. "음악가나 음악학자, 혹은 음악사 전공자도 아닌 주제에 감히"라는 비난을 들을지도 모르겠다는 걱정도 앞선다.

그럼에도 불구하고 감히 용기를 내었다. 원래 문학책 특히 소설 읽기를 좋아하는 데다, 가끔 명화(名畫)를 감상하거나 예술 영화를 보면서 융합적 측면에서 그들 다른 예술 장르 사이의 연결 고리를 찾는 걸 취미로 해 왔기 때문이다. 얼마 전부터 문학책을 읽다가, 그림을 보다가, 영화를 보다가, 더욱 더 베토벤에 빠져 버렸다. 필자는 공학자이자 수필가로 활동해 왔다. 공학자는 어떤 현상을 대충 훑어보는 게 아니라, 마치 현미경을 들여다보듯 꼼꼼히 관찰하고 생각하는 버릇이 있다. 동시에 문학을 하는 사람으로서, 어떤 책을 읽더라도 그냥 읽는 게 아니라 행간의 뜻을 꼼꼼하게 알아내려고 노력하는 버릇이 있다. 그러다 보니 음악 칼럼니스트들을 포함한 이런저런 음악 해설 프로그램 강사들과의 차이점이라면, 바로 그런 융합적 시각에서 베토벤을 바라볼 수 있다는 점이 아닐까 스스로 위안해 본다.

잘 알려져 있다시피 '상대성 이론'으로 이름을 남긴 알베르트 아인슈타인(1879~1955년)은 바이올린 연주에도 꽤 일가견이 있는 물리학자였다. 만약 물리학자가 안 되었으면 음악가가 되고 싶어 했을 정도로 음악을 사랑하였다. '상대성 이론'도 '음악적 상상력'으로부터 비롯되었다는 말이 있을 정도로 음악을 사랑하였다. 그런가 하면 교향시 <중앙아시아의 초원에서> 등의 음악을 남긴 '일요일의 작곡가'[1]였던 러시아의 알렉산드르 포르피리예비치 보로딘(1833~1887년)은 의사이자 화학자였다. 이렇게 음악가가 아닌 삶을 본업으로 살았으면서도 진정으로 음악을 사랑한, 필자보다 먼저 살다 간 과학자들의 삶을 보면서 더욱 그런 생각이 들었다.

음악 전문가들이 집필한, 보다 전문적인 베토벤의 삶과 음악을 다룬 책들이 무수히 많은데도 이렇게 또다시 베토벤에 관한 책을 펴내는 까닭이다. 베토벤에 대해 공부하면서 혹시 필자 같은 공학자가 쓴 베토벤 책은 없을까 찾아보니 다행히도 아직은 출간된 책이 없었다.

1 보르딘은 화학자로서 뛰어난 업적을 남겼다. 연구 생활 틈틈이 이를테면, 주말에만 작곡 활동을 하였기에 스스로 '일요일의 작곡가'라고 불렀다.

해서, 필자 같은 공학자가 베토벤에 빠져들면 어떤 생각을 가질까 혹여라도 궁금해할, 단 한 명의 독자라도 있지 않을까 싶어 이 책을 출간하게 되었다. 물론 이 책의 말미에 참고도서로 수록된 책들이 집필에 도움을 준 것은 사실이지만, 책 전체의 편집이나 수록된 내용은 전적으로 필자 개인의 취향에 따랐다. 베토벤을 다룬 책이 무척 많이 출간되어 있지만, 필자의 이 책은 본질적으로는 기존의 책들과는 무엇인가 다른 느낌을 주고자 노력하였다. 기존의 책들보다 내용은 부족할지 모르지만, 재미 면에서는 조금이라도 더 나은 점이 있기를 바라는 속마음을 감출 수는 없을 것 같다.

끝으로, 이 책은 저자가 몸담은 합창단원들을 위해 9주간 매주 일요일 아침 '밴드'에 연재한 글과, 2024년 3월 28일, 합창단에서 기획하여 강연한 <불멸의 삶을 살다 간 음악의 성인-베토벤> 토크콘서트 내용을 편집하여 정리한 것이다. 이 책이 출판되도록 영감을 준 부산매니아합창단 (단장; 정현모)에 고마움을 전한다. 음악 전공자들인 한성용 지휘자 선생님과 김주리 반주자 선생님의 도움에 특별히 감사드린다. 표지를 포함해 이 책을 예쁘게 디자인해 준 배영미 과장님을 비롯해 출판을 맡아 준 부산대학교출판문화원에도 감사드린다.

2024. 6. 5.

저자 씀

프렐류드

An engineering professor falls for Beethoven,

while walking through books, paintings, and films.

프렐류드[2]

독일의 피아니스트이자 작곡가인 루드비히 판 베토벤(1770~1827년)에 대해 한 번도 들어보지 못한 사람들은 아무도 없을 것이다. 음악가에겐 치명적인 '난청'의 어려움을 딛고서도 인류의 역사에 남을 위대한 작품들을 남겼기에, 음악의 '성인' 곧, 악성(樂聖)으로 칭송되는 음악가이다.

서양 고전음악 곧, 클래식 음악(classical music)이란 좁게는 1750년경부터 1810년경까지 주로 하이든, 모차르트, 베토벤을 포함하여 오스트리아 빈을 중심으로 발전한, 이른바 '빈 고전파'들에 의한 '고전음악'을 말한다. 하지만 넓게는 모차르트로부터 베토벤 당대의 음악 이전 시대 "규범과 우수성을 갖춘" 음악뿐만 아니라 이후 시대 음악도 포함한다.[3]

여기에는 중세 음악(500~1400년)과 르네상스 음악(1400~1600년)으로 구성된 고음악 또는 초기 음악도 포함되고, 17세기~18세기 유럽의 미술, 건축, 음악, 그리고 문학 등을 아우르는 예술 양식인 바로크[4] 시대의 바로크 음악(1600~1750년)도 포함

2 프렐류드(prelude)는 전주곡을 뜻한다. 어떤 곡의 도입부 역할을 하는 짧은 형식의 악곡을 말한다. 인문학적인 책들은 보통 서문 혹은 프롤로그(prologue)라고 표현하지만 이 책이 베토벤을 다룬 책인 만큼 음악적 용어를 사용하였다.

3 '위키백과' 참조.

된다. 바흐나 헨델 같은 작곡가가 대표적이다. 경우에 따라서는 안토니오 루치오 비발디(1678~1741년)를 포함하기도 한다. 1815년 나폴레옹의 워털루 전투 패전 이후부터 1960년까지(심지어 오늘날의 음악까지도)의 음악은 대부분 낭만주의 음악에 포함된다. 이 책에 언급되는 작곡가들로는 슈베르트, 멘델스존, 쇼팽, 리스트, 바그너, 브람스, 말러 등을 포함한다. 회화의 인상주의 영향을 받은 인상주의 음악을 낭만주의 음악과 따로 구분하기도 하나 넓은 범위에선 낭만주의 음악에 포함된다. 클로드 아실 드뷔시(1862~1918년)나 모리스 라벨(1875~1937년) 같은 작곡가들이 대표적이다.[5]

여러 가지 의미에서 서양 음악사에서 베토벤의 위상은 특별하다. '난청'이라는 음악가에게 치명적인 신체적 '고통'에도 불구하고 인류를 '환희'로 이끄는 불멸의 위대한 작품들을 남김으로써 인간 정신의 승리를 보여 준 증인이기에 '음악의 성인'으로 칭송받아 온 것이다. 아울러, 그는 자신의 시대를 지배했던 음악의 흐름을 자신의 힘으로 바꿔놓았다는 사실만으로도 위대한 인물이었다. "모차르트 이전에 주로 이탈리아를 중심으로 발달되어 왔던 음악을 밀어내고 스스로 새로운 음악 세계를 옮으로

4 바로크(baroque)라는 말은 포르투갈어로 '찌그러진 진주'를 뜻하는 'pérola barroca'에서 유래되었다고 한다. 바로크 시대엔 예술뿐 아니라 집, 가구, 옷 등 모든 분야에서 화려하고 풍부한 장식 등이 유행하였다고 한다. 고전주의 시대로 넘어가면서 음악에 있어서도 바로크 양식의 화려한 장식이 사라지고 선율도 소박해졌다고 한다.

5 '위키백과' 참조.

써, 슈베르트, 슈만, 브람스와 바그너, 구스타프 말러 (1860~ 1911년), 요제프 안톤 브루크너(1824 ~ 1896년), 리하르트 슈트라우스(1864 ~ 1949년) 같은 독일 혹은 오스트리아 출신 작곡가들의 시대를 여는데 결정적인 역할을 담당하였다."[6] 그런 만큼 클래식 음악을 분류할 때, '베토벤 전 음악', '베토벤 후 음악'으로 분류해도 좋을 만큼 베토벤은 음악사에서 한 획을 그은 작곡가라 부를 만하다. 김택수 작곡가[7]의 글에 따르면, 서양 고전 음악사에서 베토벤 이후의 작곡가들은 세 부류로 분류된다; 베토벤의 음악을 '타도'하고 그와는 다른 곡을 쓰겠다는 부류의 작곡가들 (Refuse Beethoven; '베토벤 거절하기'), 베토벤의 음악을 '인용'하여 쓰고자 하는 부류의 작곡가들(Reuse Beethoven; '베토벤 재활용하기'), 그리고 베토벤과 같이 '틀을 깨는' 혁명적 이미지로 음악을 만들겠다는 부류의 작곡가들(Replace Beethoven; '베토벤 대체하기'). 그만큼 베토벤이 음악사에 미치는 영향력이 크다는 뜻일 게다. 독일의 철학자이자 피아니스트, 음악학자였던 테오도르 루트비히 비젠그룬트 아도르노(1903 ~ 1969년)는 그의 저서[8]에서, 베토벤은 "자신의 걸작을 다른 사람들로 하여금 단순히 뒤따르지 못하게 한 것이 아니었고, 끊임없이-잠재적으로는 끝이 없이- 음악의 새로운 특징들, 유형들, 카테고리들을 창조하였기 때문에" '위대하다'고 표현했다.

---

6 최윤희, 『음악가들이 그린 풍경』(책과나무, 2016년), 56쪽 참조.

7 김택수, "베토벤과 현대 음악", 《풍월한담》 3호 〈베토벤〉 (풍월당, 2020년), 76~83쪽 참조.

8 테오도르 W. 아도르노, 『베토벤, 음악의 철학-단편들과 텍스트』(문병호, 김방현 옮김, 세창출판사, 2014년), 288쪽 참조.

아무튼 베토벤은 후배 음악가들에게 큰 영향을 미쳤다. 독일의 작곡가이자 피아니스트였던 요하네스 브람스(1833 ~ 1897년)의 <교향곡 1번 다단조, 작품번호 68>은 베토벤의 <교향곡 10번>이라 부를 수 있을 정도로 베토벤의 그림자가 남아 있다. 헝가리의 피아니스트 프란츠 리스트(1811 ~ 1886년)는 베토벤의 9개 교향곡 전곡을 피아노로 편곡했다. 뿐만 아니라 독일 작곡가 빌헬름 리하르트 바그너(1813 ~ 1883년)는 베토벤의 숭배자로서 1828년 열다섯 살 나이에 독일 게반트하우스에서 공연된 베토벤의 <교향곡 9번 "합창">을 듣고 감동해 아예 그 악보를 구해 일일이 베꼈다고 한다.[9]

로맹 롤랑

한편, 로맹 롤랑(1866~1944년)은 프랑스의 작가이자 사상가, 음악학자이다.[10] "태양은 도덕적이지도 부도덕하지도 않다. 그는 있는 그대로 존재하는 것이다. 그는 어둠을 정복할 뿐이다. 예술도 그와 마찬가지"라며 예술에 대한 경외심을 간직하였다. 그는 소르본 대학교에서 음악사를 가르쳤다. 베토벤에 심취하여 『베토벤의 생애』라는 책을 출간하기도 하였다. 그는 "인간의 옹졸함을 정복한 승리자, 자기 자신의 운명과 비애를 극복한 승리자"라며 베토벤을 흠모하였다. 이 장에서 소개할 소설 『장 크리스토프』[11] 또한, 베토벤을 모델로 하여 써진 소설이다. 1904년부터 1912년까지 8년에 걸쳐, 프랑스의 시인이자 평론가였던 샤를 페기(1873~1914년)가 펴낸 《반월수첩(Les Cahiers de la Quinzaine)》이란 격주간지에 게재된 뒤 출판되었다. 이 소설이 계기가 되어 1915년에 노벨문학상을 받았다.

이 소설은 위대한 음악가의 삶을 살았던 장 크리스토프의 전 생애를 다루고 있다. 악성 베토벤의 삶을 모티브로 하였다. 그런 만큼 이 소설의 책장을 덮을 즈음 등장하는, 세계적인 거장이 된 크리스토프가 마지막 순간 숨을 거두면서 남긴, **"이름이 아닌, 작품이 남겨지길 원한다."**라는 독백은 더욱 독자들의 가슴을 울리는 명작이다.

크리스토프의 소년 시절, 술주정뱅이인 그의 아버지 멜키오르는 어린 크리스토프에게 혹독하게 피아노 교육을 시킨다. 마치 어린 아들의 재능을 알아본 후 아들을 이용해 돈과 명성을 얻을 속셈으로 어린 베토벤에게 가혹하고 폭력적인 방식으로 피아노를 연습시킨 베토벤의 아버지 요한이 생각나게 하는 인물

---

9 심승진, 『음악에서 경제를 듣다-농업혁명에서 AI혁명까지』 (교학사, 2022년), 23~24쪽 참조.

10 1888년 로맹 롤랑은 파리 고등사범학교 재학 중이었다. 20대 초반이었던 그는 당시 러시아의 대문호로 이미 세계적으로 이름을 날리고 있던 레프 니콜라예비치 톨스토이(1828~1910년)에게 문학청년의 고뇌와 꿈을 담은 편지를 썼다(1887년 4월). 60대의 대문호는 얼굴도 알지 못하던 그 청년에게 "참다운 작가의 조건은 인류를 사랑하는" 것이라고 쓴 답장을 보낸다. 기대하지 않았음에도, 자신이 받게 된 그 답장 편지에 감명받은 롤랑은 본격적으로 글을 쓰기 시작하였다.

11 이 소설에 대해 더 자세한 내용을 알려면 하창식, 『무지갯빛 성장 소설 이야기』 (부산대학교출판문화원, 2024년), (『장 크리스토프』 편)을 참조하면 좋을 것이다.

이다. 게다가 장 크리스토프가 파리에서 만난 앙투아네트의 남동생 올리비에를 끔찍이 사랑하는 모습은 베토벤과 자신의 조카인 카를 베토벤(1774~1815년) 관계를 연상시킨다. 뿐만 아니라 이 소설에 등장하는 주인공의 여러 고난은 마치 난청으로 괴로워하다 유서까지 작성하면서도 그 고난을 이겨내고 역사에 이름을 남긴 베토벤을 연상하게 한다. 베토벤은 완전히 귀먹었을 뿐만 아니라 류머티즘이나 황달 같은 질병에 시달리면서도 <교향곡 9번 라단조, 작품번호 125 "합창">이나 <현악 4중주 14번 올림다단조, 작품번호 131> 같은 음악사에 빛나는 명곡을 탄생시킨 명실상부한 인간 승리의 표상이지 않는가!

이 소설에 나오는 작가의 외침을 들어 보자. 자신의 삶에 찾아온 온갖 고난을 딛고 환희의 삶을 향하는 장 크리스토프의 마음을 대신한 이 외침을 보면, 자연스럽게 신체적 고통을 딛고 인류에게 환희의 음악을 선물한 베토벤이 떠오름은 물론이다.

> **"싸우기도 전에 항복하는 것은 안 된다. 인생에서 때때로 습격해 오는 여러 가지 비참함은 하나의 시련이 될지도 모른다. 그것을 영광의 길로 이끌어가는 시련이라고 생각하자…그의 마음속에 운명의 소리가 들려왔다. 가라! 쉬지 말고 나아가라!…고뇌를 피하지 말아라."**[12]

문학을 하는 사람이라, 그 소설을 통해 주인공 장 크리스토프의 삶에 베토벤의 실제 삶이 어떻게 반영되어 있을까 생각하면서 베토벤을 공부하게 되었다. 베토벤에 관한 책을 읽고, 베토벤을 다룬 영화들과 그림들을 보고, 베토벤의 음악들을 들으면서 베토벤에 대해 조금씩 더 잘 알게 되었다.

그러면 음악을 좋아하는 '음악 딜레탕트' 같은 공학자이자 수필가의 시선으로 위대했던 한 성인의 삶을 한번 되돌아보자.

20세기의 베토벤이라 불리는 러시아의 천재 작곡가, 쇼스타코비치 (드미트리 드미트리예비치 쇼스타코비치, 1906 ~1975년)의 말이다.

드미트리 쇼스타코비치

"문인들이 음악에 대해 글을 쓰면 언제나 엉망이 된다. 그런데도 그 논문은 학술 논문집에 버젓이 실린다."[13]

꼭 누군가 '집안 망치게 하는 반풍수' 딜레탕트 문인 음악 애호가를 두고 한 말 같아 귓불이 뜨거워지는 건 어쩔 수 없다.

---

12 로맹 롤랑, 『장 크리스토프』 (손석린 옮김, 동서문화사, 2016년).

13 솔로몬 볼크프 엮음, 『증언』 (김병화 옮김, 2019년, 온다프레스) 참조.

하이든 영국 화가, 토마스 하디(1757~1804년)가 그린 초상화(1791년).

모차르트 오스트리아 화가, 마리아 바르바라 크라프트 (1764~1825년)(부록, 도판 1 참조)가 그린 초상화(1819년).

베토벤의 초기 삶은 어릴 적부터 귀가 어두워지기 시작해, 이른바 '하일리겐슈타트 유서' (1802년, 자세한 것은 이 책, 6장 참조.)를 쓸 즈음인 1803년까지, 말하자면 그의 나이 33세일 때까지를 말한다. 이때 나온 작품들이 <교향곡 1번 다장조, 작품번호 21>과 <교향곡 2번 라장조, 작품번호 36> 등이다. 아직은 프란츠 요제프 하이든(1732~1809년)과 볼프강 아마데우스 모차르트(1756~1791년)의 영향을 많이 받던 시기이다. 하이든은 106개의 교향곡을 작곡해 '교향곡의 아버지'라 불리고, 모차르트는 '음악의 신동'으로 불리었던 작곡가인 만큼 그들은 18세기 '빈 고전파'를 대표하던 음악가들이었다.

사실 베토벤의 천재성이 발휘되고 개성이 확실히 드러나는 시기는 그의 나이 34세부터 46세까지이다. 이를 보통 베토벤의 삶에 있어서 중기라고 부른다. 아직 완전히 귀먹기 전이다. <교향곡 3번 내림마장조, 작품번호 55 "영웅">에서 <교향곡 8번 바장조, 작품번호 93>까지가 이때 작곡되었다. 베토벤을 음악의 성인으로 만든 건, 그의 귀가 완전히 먹게 된 47세 곧, 1817년 이후 죽음(1827년)에 이를 때까지인 베토벤 삶의 후기 작품들 덕분이다. 형식과 내용, 모든 면에서 그가 남긴 후기 작품들은 음악사적으로도 최고의 경지에 이르는 것으로 알려져 있다. 완전히 청력을 상실하고도 <교향곡 9번 라단조, 작품번호 125 "합창">과 같은 인류 역사에 남을 최고의 음악을 작곡하였다는 게 지금 생각해도 믿기지 않을 정도이다.

아래의 초상화들은 50대에 들어선 베토벤을 그린 초상화들이다.

<장엄 미사곡> 악보를 들고 있는 베토벤 독일 화가, 요제프 카를 슈틸러(1781~1858년) (부록, 도판 2 참조)가 그린 초상화(1820년).

1823년의 베토벤 오스트리아 화가, 페르디난트 게오르크 발트뮐러(1793~1865년)가 그린 초상화(1823년).

보통 '베토벤'하면 독일 화가, 요제프 카를 슈틸러가 그린 앞장의 왼쪽 초상화가 가장 먼저 떠오르는 이미지이다. 베토벤의 '불굴의 의지'가 잘 드러나 있다. 왼손에 든 <장엄 미사곡 라장조, 작품번호 123> 악보가 인상적이다. 서른두 살의 나이 (1802년)에 '하일리겐슈타트 유서'를 쓸 만큼, 죽음을 결심할 만큼, 음악가에겐 치명적인 난청으로 괴로워하면서도 '사자 같은 의지'로 난관을 극복하면서, 주옥같은 작품들을 만들어 내었다. 이를테면, <교향곡 5번 다단조, 작품번호 67 "운명">이나, <교향곡 6번 바장조, 작품번호 68 "전원"> 같은 곡들이다. 그림에 보이는 악보의 <장엄 미사곡>은 마흔여덟 살(1818년)에 시작하여 5년에 걸쳐 작곡하였다. 이 곡은 베토벤의 곡 중에 가장 길다. 청력을 완전히 잃었던 시기라, 마음의 평화를 절실하게 간구하는 마음으로 작곡된 곡이다. 베토벤 스스로 자신의 작품 중에 최고라고 여겼던 이 곡의 악보를 손에 들고 있는 그림이기에 더 인상 깊은 이미지로 우리 머릿속에 각인되어 있을 것이다.

베토벤이 작곡한 대표적인 몇몇 작품들을 알아보기 전에, 작품번호에 대해 먼저 언급할 필요가 있겠다. 라틴어 opus는 '일'이나 '노동'이란 뜻이다. 일본어 번역을 통해 작곡가들의 작품번호를 이야기할 때 등장한 용어이다. Op .라고 줄여 말하기도 한다. 베토벤은 1782년 열두 살 때의 초기 작품 (<드레슬러의 행진곡 주제에 의한 아홉 개의 변주곡[14], WoO 63>)부터 1827년 빈에서 사망하기 직전의 마지막 작품인 <현악 4중주 16번 바장조, 작품번호 135>까지 45년에 걸쳐 722편의 작품을 남겼다. 그중에서

<서재에서 깃펜으로 작품을 쓰고 있는 베토벤> 독일 화가, 빌헬름 패스벤더(1873~1938년) 그림(1928년).

출판된 베토벤의 악보는 9개의 교향곡, 32개의 피아노 소나타, 10개의 바이올린 소나타, 5개의 첼로 소나타[15] 등 모두 172개이다. 어떤 경우는 작품번호가 31-1, 31-2 등과 같이 되어 있는 것도 있고 해서 큰 opus 번호는 모두 138개이다. 이 책에서는 opus를 모두 '작품번호'라고 표시했다.

---

14 변주곡(variation)이란 어떤 주제를 바탕으로 하여 리듬이나 선율, 화성 등에 변형을 주어 만든 악곡을 말한다.

15 고전음악에서 소나타(sonata)는 기악을 위한 음악 형식의 하나로, 주로 노래가 동반되는 칸타타(cantata)에 대비되어 '연주'만 되는 작품을 가리키는 데 사용된다. 1600년 전후를 통해 성립한 기악곡의 형식이다. 전통적인 소나타 형식은 3부 (제시부, 전개부, 및 재현부)로 구성되며, 대개 제시부 앞에 서주, 재현부 뒤에 종결부가 붙는다. 보통 빠르기나 성격을 달리하는 3~4악장으로 구성된다.(초기에는 주로 3악장 체제였지만 후기로 가면서 4악장 체제로 확정된다.) 하지만 가끔 2악장, 혹은 1악장 또는 5악장 이상의 것도 있다. 바이올린 소나타, 첼로 소나타 등의 경우는 보통 피아노 반주를 가진다.-'위키백과' 및 '나무위키' 참조.

앞 장의 그림은 독일 화가, 빌헬름 패스벤더가 1928년 그린 그림인데, 서재에서 깃펜으로 악보를 그리고 있는 모습이다. 베토벤의 사후 100년이 지났을 때 그린 그림이라 상상도이긴 하겠지만, 베토벤의 생전 작곡 모습을 잘 보여 주고 있다는 생각이 든다.

출판되지 않았거나 작품번호 없이 출판된 많은 작품들은 카탈로그 번호로 분류한다. 세 가지 경우가 있는데, 먼저 게오르크 킨스키(1882~1951년)와 한스 함이 만든 카탈로그 번호 곧, WoO(독일어: Werke ohne Opuszahl, 작품번호가 없는 작품)로 분류하기도 한다. 윌리 헤스(1906~1997년)에 의한 카탈로그인 Hess 또는, 지오바니 비아몬티(1889~1970년)에 의한 카탈로그인 Biamonti 번호로도 지정되어 있다. 가령 WoO 1은 베토벤이 1790-1791년 사이에 작곡한 <기사의 발레를 위한 음악>인데, 1791년 3월 6일 본에서 초연한 곡이다. Hess 34는 <현악 4중주 바장조>로 1801-2년 사이 작곡된 것인데 필사본으로만 존재한다. 그런가 하면 베토벤의 미완성 교향곡인 <교향곡 10번 내림마장조>는 Bia 838로 지정되어 있다.

참고로, 하이든의 작품들은 Hob로, 게오르크 프리드리히 헨델(1685~1759년)의 작품들은 HWV로, 이탈리아의 '붉은 머리의 사제' 작곡가 안토니오 루치오 비발디의 작품들은 RV로, 헝가리의 피아니스트이자 작곡가인 프란츠 리스트의 작품들은 S로 분류된다. 또한, 모차르트의 작품엔 쾨헬 번호(약자 K 또는 KV)가 붙어 모차르트의 생애 마지막 작품인 <레퀴엠 라단조>는 K 626

비발디 작자 미상(1723년) 'WIKIPEDIA'에서 전재.

리스트 독일 화가, 프란츠 세라프 한프스타엔글(1804~1877년) (부록, 도판 3 참조)이 그린 초상화(1858년).

슈베르트 오스트리아 화가, 빌헬름 아우구스트 리더(1796~1880년)가 그린 초상화(1875년).

라벨 작자 미상(1925년) 'WIKIMEDIA COMMONS'에서 전재.

으로 분류된다. 마찬가지로 '고전음악의 아버지', 요한 세바스찬 바흐(1685~1750년)의 작품번호는 BWV로 분류된다. 가령 그의 <

칸타타 1번>부터 BWV 1이 되어 BWV 1126까지 있다. 프란츠 페터 슈베르트(1797~1828년)의 작품 목록은 도이치 목록(D)으로 분류되어 그의 <교향곡 3번 나장조>는 D 200으로 분류된다. 프랑스의 모리스 라벨의 작품 목록은 M으로 가령, 그의 관현악곡 <볼레르>는 M 81이다.[16]

---

16 Hob : Hob는 Hoboken의 약자로서 네덜란드 음악학자이자 서지 학자, 안토니 반 호보켄(1887~1983년)에 의해 정리된 하이든의 작품번호. 작곡 순서대로 나열한 번호.

HWV : Händel Werke Verzeichnis 약자.

RV : Ryon Verzeichnis의 약자. 덴마크 음악학자, 페터 리옹(뤼욤)(1937년~)이 비발디 작품에 붙인 작품번호 명칭.

S : 영국의 작곡자이자 음악 작가, 험프리 설(1915~1982년)이 1966년에 『리스트의 음악』이라는 책을 낼 때 정리한 설 번호(Searle Number).

K, KV: Kőchel-verzeichnis의 약자. 오스트리아의 음악학자이자 식물학자, 루드비히 쾨헬(1800~1877년)이 모차르트의 곡에 붙인 작품번호 명칭.

BWV : Bach Werke Verzeichnis의 약자로 독일의 음악학자이자 음악 사서, 볼프강 슈미더(1901~ 1990년)가 바흐 작품에 붙인 작품번호 명칭.

D : Deutsch의 약자. 오스트리아의 음악학자, 오토 에리히 도이치(1883~1967년)가 슈베르트의 곡에 붙인 작품번호 명칭.

1. 베토벤의 어린 시절과 스승 네페와의 만남

An engineering professor falls for Beethoven,
while walking through books, paintings, and films.

1. 베토벤의 어린 시절과 스승 네페와의 만남

요한 판 베토벤 **마리아 막달레나 판 베토벤**

독일 화가, 요한 (카스파르) 베네딕트 베겐캄프 (1747~1828년) (부록, 도판 4 참조)가 그린 초상화 - 많은 문헌 자료들에 인용되고 있는 이 초상화의 주인공들이 요한과 마리아가 아닐 수도 있다는 주장도 있다.

베토벤은 1770년 12월 17일(?) 독일 본에서 아버지 요한(1739~1792년)과 케베리히 집안에서 시집온 어머니 마리아(1746~1787년) 사이에서 태어났다. 베토벤의 아버지 요한은 지독한 알코올 중독자였다. 이런 남편을 둔 어머니 마리아인들 몸이 성했을까? 남편 때문에도 우울증에 걸리지 않으면 더 이상한 일일 테다. 그런 부모 아래 (일곱 자녀 중 둘째) 태어났으니 어느 정도는 유전적 질병을 안고 태어났다고 보아야겠다. 자신이 궁정 가수로 벌인 돈도 술로 탕진하면서 나중에 아들 베토벤이 궁정 오르간 연주자가 되었을 때 아들이 받은 월급마저 자신이 마실 술값으로 탕진해 버려 가계가 어려움에 처해질 정도였다.

크리스티안 고틀로프 네페
독일 그래픽 아티스트, 조각가 겸 과학 일러스트레이터, 고틀로프 아우구스트 리베(1746~1819년)가 그린 석판화 (1780년경).

게다가 아버지 요한은 당시 이미 이름을 날리던 모차르트를 흉내 내고 싶어 했다. 어릴 적부터 재능을 보이던 아들 베토벤에게 피아노를 가르치고, 아들 나이까지 속여가면서 (두 살 아래) 이곳저곳 데리고 다니면서 피아노 연주를 시키기까지 했다. 술값을 벌이기 위해서이다. 하지만 어린 베토벤은 모차르트만큼 성공은 거두지 못하였다.

아버지는 아들 베토벤을 궁정 음악가였던 크리스티안 고틀로프 네페(1748~1798년)에게 맡겨 본격적으로 피아노 교육을 받게 한다. 물론 네페 덕분에 실력이 일취월장해 결국은 14세 때 쾰른 선제후[17] 궁정의 정식 교회 오르가니스트가 된다. 뿐만 아니라 5년 뒤인 19세 때엔 궁정 교향악단 비올라 주자 겸 부지휘자 자리에까지 오른다.

17 선제후는 신성로마제국(800/962~1806년) 황제를 선정하는 역할을 하였던 신성로마제국의 선거인단이다. 선거후라고도 한다. 선제후는 백작, 공작 그리고 대공과 같이 대단히 높은 직책을 맡고 있었으며, 위계상 신성로마제국의 봉건 제후들 가운데 왕 또는 황제 다음으로 높았다. -'위키백과' 참조.

프란츠 안톤 리스 작자 미상(1830년), 'WIKIPEDIA'에서 전재.

네페 이외에도 베토벤의 어린 시절 그에게 가르침을 주었던 스승들이 몇몇 더 있다.[18] 친척인 프란츠 로반티니로부터 바이올린과 비올라를 배웠고, 역시 궁정 바이올리니스트였던 프란츠 안톤 리스(1755~ 1846년)[19]에게서 바이올린을 배웠다.

네페는 1783년부터 1789년 곧, 베토벤의 나이 13세부터 19세까지 약 6년간 그를 가르쳤다. 보통 베토벤의 생애를 전기-중기-후기로 나누는데 전기의 시작을 13세로 보는 이유가 여기 있다. 아버지가 아닌, 다른 스승인 네페로부터 본격적인 가르침을 받고 작곡가의 길을 걸었기 때문이다.

네페는 6년간 그에게 본격적으로 피아노를 가르쳤을 뿐만 아니라, 화성법과 작곡법을 가르쳤다. 네페는 베토벤을 가르치면서 그의 천재성을 알아보았다. "틀림없이 제2의 모차르트가 될 것이다."라며 열일곱 살 베토벤을 그곳을 방문한 모차르트에게 소개해

13세 무렵의 베토벤 작자 미상, '나무위키'에서 전재.

18 이하 내용은 조수철, 『베토벤의 삶과 음악 세계』(서울대학교출판문화원, 2016년)를 참조 (특히 제2장) 하여 발췌한 내용이다.

19 책에 따라서는 리스(Ries)를 리에스라는 발음으로 번역해 사용되기도 한다.

주기도 했다. 베토벤이 17세 때인 1787년 초, 오스트리아의 빈에서 잠시 모차르트의 집을 방문했을 때의 일화이다. 그의 집에서 피아노를 쳐 보라는 모차르트의 말에 즉흥 연주를 해 보이자, 모차르트는 아내 콘스탄체(곧, 마리아 콘스탄체 체칠리아 요제파 요한나 알로이지아 모차르트, 1762~1842년)와 친구들에게 달려가 이렇게 말했다고 한다.[20]

> **"저 소년의 얼굴을 똑똑히 기억해 둬. 훗날 세상이 저 친구에 대해 이야기하게 될거야."**

하지만 모차르트와의 만남은 2주뿐이었다. 어머니가 위독하다는 소식을 듣고 황급히 고향으로 돌아가야 했고, 5년 뒤 베토벤이 빈으로 다시 돌아왔을 때는 이미 모차르트는 세상을 떠난 뒤였기 때문이다.

네페는 또한 베토벤으로 하여금 궁정 교향악단의 보조 오르간 주자 겸 교향악단의 쳄발로 주자로 발탁하였다.

---

20 오수현, 『스토리 클래식』 (백도씨, 2022년), 또한, 최은규, 『베토벤』 (북이십일 아르테, 2020년) 참조.

헨델 독일 화가, 발타자르 데너(1685~1749년)(부록, 도판 5 참조)가 그린 초상화(1726~1728년경).

요한 마테존 독일의 조각가 겸 화가, 요한 야코프 하이트(1704~1767년)(부록, 도판 6 참조)가 그린 초상화(1746년).

하프시코드 모습 21

피아노의 전신인 쳄발로(Cembalo)는 하프시코드(Harpsichord)라고도 부르는 16~18세기에 번성했던 건반 악기를 말한다. 그런데 베토벤이 맡게 된 교향악단의 쳄발로 주자 자리가 얼마나 대단한 자리인가를 설명한다면 베토벤의 천재성에 대해 더 잘 이해할 수 있을 것 같다. '고전음악의 어머니'라 불리는 헨델(1685~1759년)은 당시 활약하던 또 다른 음악가인 요한 마테존(1681~1754년)과 궁정 교향악단의 쳄발로 주자 자리를 놓고 서로 경쟁했다고 한다. 물론 헨델이 승리했다. 뿐만 아니라 하이든이 오스트리아에서 런던을 방문해 그의 작품을 연주할 때, 초청자가 하이든더러 "하이든님, 런던을 방문하셨으니 이 자리에 앉아 주세요. 제발요!"라고 쳄발로 연주를 부탁할 정도였다고 한다. 쳄발로 연주자의 위상이 얼마나 대단했을지 이해가 된다. 그런 자리를 17세인 베토벤이 차지할 정도였으니 그의 실력이 뛰어났음을 말해 준다. 그에게 그 자리를 만들어 준 스승 네페 또한 대단하다.

네페는 뿐만 아니라, 기회가 될 때마다 베토벤에게 이탈리아, 프랑스, 독일 등, 여러 나라 작곡가의 오페라 감상 기회를 제공하였다. 게다가 본에서 활동하던 베토벤을 오스트리아 빈으로 옮겨 모차르트와 하이든에게 소개해 공부를 계속하도록 주선했다. 나아가 작곡가로서의 소양을 키우기 위해서는 철학도 중요하다며, 17세였던 1789년, 본 대학 철학과에서 수강하도록 권유하기도 했다. 한편, 프리메이슨 단원이던 자기를 본받아, '형제애, 자유, 평등'에 힘쓰도록 권유하는 등, 베토벤의 교양 교육까지 담당

21 '위키백과'에서 전재; 모양은 현재의 그랜드 피아노를 닮았지만, 피아노와는 발음기구가 다르며, 피아노는 해머로 현을 치는 데 반해 쳄발로는 픽(플렉트럼)으로 현을 탄다. 픽은 새의 깃대(羽軸)라든가 또는 굳은 가죽 조각으로 되어 있었다고 한다.

하였던 위대한 스승이었다. 베토벤은 스무 살인 1792년, 하이든[22]에게 배우기 위해 빈으로 유학을 간 1년 후인 1793년에, 스승인 네페에게 이렇게 편지를 썼다.

> **"잘 가르쳐 주셔서 감사합니다. 만약 내가 훗날 훌륭한 작곡가가 된다면 그것은 순전히 선생님 덕분입니다."**

그 스승에 그 제자이다. 베토벤도 그 고마움을 잘 알고 있었던 것이었다.

---

22 "하이든은 1792년에 첫 번째 런던 여행을 마치고 돌아오는 길에 본에 들러 베토벤을 만났다. 베토벤은 자신의 칸타타 두 곡을 하이든에게 보여 주었다. 하이든은 이 작품들을 크게 칭찬하며 베토벤에게 음악 공부를 열심히 하라고 격려했다."-최은규, 『베토벤』(북이십일 아르테, 2020년), 94쪽 참조.

2. 베토벤의 다른 스승들

An engineering professor falls for Beethoven,

while walking through books, paintings, and films.

2. 베토벤의 다른 스승들

베토벤은 네페 이외에도 어릴 적부터 많은 스승들로부터 가르침을 받았다. 가령 13세부터 쾰른 선제후 궁정악단의 수석 바이올리니스트였던 프란츠 안톤 리스에게서 바이올린을 배웠다. 그는 음악뿐만 아니라 베토벤에게 경제적으로도 도움을 많이 주었는데, 어머니가 돌아가신 후 음주 때문에 말썽을 부리던 아버지 대신에 아버지 연금의 절반을 베토벤이 받을 수 있도록 힘써 주기도 했다. 게다가 베토벤이 빈으로 떠날 때 장학금을 받을 수 있도록 주선해 주었다. 베토벤은 리스에 대한 보은의 뜻으로 나중에 (1801년) 오스트리아 빈에서 그의 맏아들 페르디난트 리스(1784~1838년)를 보살펴 주면서 피아노를 가르쳐 주기도 했다. 페르디난트는 나중에 뛰어난 피아니스트로 활약하면서 베토벤을 열심히 도와 주기도 했다. 부자간에 대를 이어 베토벤과 인연을 맺은 셈이다.

사실, 스승 네페는 베토벤으로 하여금 모차르트에게 배우라고 그가 17세 때 오스트리아 빈으로 떠나보내지만, 앞에서 언급했듯이, 갑작스러운 어머니의 죽음으로 한 달도 채 안 되어 본으로 귀국하고 만다. 그러다 보니 사실상 모차르트에겐 그리 큰 가르침은 받지 못했다. 그래도 잠시라도 가르침을 받았으니 스승은 스승인 셈이다.

베토벤은 22세이던 1792년, 다시 빈으로 가서 죽을 때까지 그곳에서 머물었다. 도착하자마자 그곳에서 하이든을 만나 가르침을 받았다. 이미 전 유럽에서 이름을 날리던 하이든이었다.[23] 연주 스케줄도 많고 바빠서 사실상 베토벤을 직접 가르친 시간은 많지 않았다. 대신 그곳에서 요한 밥티스트 쉥크(1753~1836년)라는 음악가에게서 작곡에 필요한 대위법을 배웠다. 재미있는 것은 하이든에겐 비밀로 하기로 했다고 한다.[24] 하이든은 자기가 하도 바쁘다 보니 나중엔 친구인 요한 게오르크 알브레히츠베르거(1736~1809년)[25]를 소개해서 베토벤으로 하여금 화음과 대위법을 배우게 했다.

23 베토벤은 1808년 빈 대학교 축제에서 공연된 하이든의 오라트리오 <천지창조, Hob. 21/2>를 듣고 큰 감동을 받았다고 한다. 어쩌면 베토벤의 <교향곡 9번 "합창">도 하이든의 그 작품에서 영감을 받은 게 아닐까?-심승진, 『음악에서 경제를 듣다-농업혁명에서 AI혁명까지』(교학사, 2022년) 참조.

24 베토벤의 하이든과의 음악 수업에 대한 더 자세한 사항은 최은규, 『베토벤』(북이십일 아르테, 2020년), 116~121쪽을 참조하면 좋을 것이다.

25 베토벤은 요한 알브레히츠베르거에게서 바흐의 <평균율 클라비어곡집, BWV 846~893> (133쪽, 각주 94 참조)을 배웠다. 알브레히츠베르거는 베토벤의 태도 불량을 못마땅하게 여기며, 베토벤은 아무것도 이룰 수 없을 것이라 악담했다. 당시 알브레히츠베르거뿐만 아니라 하이든도 자신에게 맞지 않는 것은 받아들이지 않으려는 베토벤을 못마땅하게 여겼다고 한다. 하지만 베토벤은 스승들의 그런 불쾌한 시선에도 불구하고 "용기! 육체가 아무리 약할지라도 정신이 지배한다. 내 나이 벌써 스물다섯, 올해는 모든 일을 완벽하게 해야 한다. 그 무엇도 미완성으로 남겨두어서는 안된다."고 일기에 쓰며 결기를 다졌다고 한다.-이지혜, 『클래식에서 리더의 언어를 배우다』(다연, 2017년), 37~38쪽 참조.

요한 밥티스트 쉥크 작자 미상, 'WIKI-PEDIA'에서 전재.

요한 알브레히츠베르거 오스트리아 화가, 레오폴트 쿠펠비저(1796~1862년)(부록, 도판 7 참조)가 그린 초상화.

베토벤은 빈에 체재하면서, 엠마누엘 알로이스 푀르스터(1748~1823년)라는 음악가에게선 현악 4중주곡의 작곡 기법을 배우게 된다. 뿐만 아니라 영화 <아마데우스>에서 모차르트의 라이벌로 등장하는 이탈리아 레가노 태생 음악가인 안토니오 살리에리(1750~1825년)에게선 가곡의 작곡법을 배우게 된다.

엠마누엘 알로이스 푀르스터 오스트리아 화가 겸 석판화가, 요제프 에두아르드 텔처(1801~1837년)(부록, 도판 8 참조)가 그린 석판화(1820년).

안토니오 살리에리 독일 화가, 요제프 빌리브로르트 말러(1778~1860년)가 그린 초상화(1815년).

(영화 <아마데우스>에선 모차르트를 질투하여 망가지는 캐릭터로 나오지만, 사실은 그렇지 않았다고 한다.[26] 살리에리가 무덤에서 깨어나 그 영화를 보았다면 자신을 질투의 화신으로 악마화한 할리우드의 영화 제작자에게 소송을(?) 걸었을 것 같다는 생각이 든다.) 베토벤은 빈 체재 시 여러 명의 뛰어난 스승으로부터 거의 모든 장르의 작곡법을 배웠다. 원래가 빼어난 기교를 가진 피아니스트였던 데다, 대단한 작곡가들로부터 본격적인 작곡 수업을 받았으니, 이 모든 배움이 베토벤을 음악의 성인으로 만든 씨앗이 된 셈이다.

20여 년 전, 필자는 세계에서 제일 오래되었다는 이탈리아의 피사 대학교 (유명한 피사의 사탑이 있는 곳이다.)에서 개최된 학술회의 참석차 피사를 다녀온 적이 있다. 그때 귀국 항공편이 피사 → 빈 → 서울 → 부산으로 되어 있었다. 빈에서 서울행 항공편을 타는 대기 시간이 무려 7시간이었다. (아직 인천공항 개항 전이었다.) 공항에서 일곱 시간을 죽치고 앉아 있을 수는 없었다. 이 시간을 무슨 의미 있는 시간으로 보낼 수 없을까 생각하는데 머릿속으로 "그래, 여기가 어딘가? 바로 베토벤의 빈이잖아! 베토벤을 만나러 가자."하는 생각이 퍼뜩 떠올랐다. 해서 택시를 타고, 빈의 교외에 있는 중앙 묘지의 음악가 묘역으로 갔다. 48쪽 사진에 있는 베토벤 묘지를 참배하고 그 앞에서 잠시 묵념을 드렸다. (당시엔 베토벤만 생각했다!)

가서 보니, 베토벤의 묘지 바로 곁에는 모차르트와 슈베르트

피사의 사탑

의 묘지도 함께 있었고, 조금 떨어진 곳에 요하네스 브람스와 '왈츠의 왕', 요한 스트라우스 2세(1825~1899년)의 묘지도 이웃하고 있었다. 이들 중에 실제 빈 태생은 슈베르트뿐이라는 사실도 흥미롭다.[27]

빈의 중앙 묘지에서 베토벤을 비롯해 이름만 듣던, 유명한 음악가들의 묘소를 참배하고 나니 가슴이 뜨거워짐을 느꼈다. 물론 공항으로 돌아왔을 때는, 출국 심사는 물론 서울행 비행기 탑승 시간까진 충분히 시간이 남았다. 오래 기억에 남는 여정 중의 하나이다.

---

26 이 사실과 살리에리의 베토벤과의 관계 등에 대해 더 자세한 내용을 알려면, 얀 카이에르스, 『베토벤』(홍은정 옮김, 도서출판 길, 2018년), 335~339쪽을 참조하면 좋을 것이다.

27 박홍규, 『베토벤 평전-갈등의 삶, 초월의 예술』(가산출판사, 2003년) 참조. 1797년생인 슈베르트는 베토벤보다 27년이나 늦게 태어났지만, 베토벤이 죽은 지 1년 만에 사망하여 베토벤과 거의 같은 시기에 활동했다. 슈베르트의 음악은 그가 죽은 지 반세기 지난 19세기 말에 와서야 인정을 받았다.

베토벤의 묘비

모차르트의 묘비

슈베르트의 묘비

요하네스 브람스 독일 화가, 카를 빌헬름 브래쉬(1825~1886년)가 그린 초상화(1889년).

요한 슈트라우스2세 작자 미상, 'WIKIPEDIA'에서 전재.

브람스의 묘비

요한 슈트라우스 2세의 묘비

빈에서의 베토벤의 삶을 되돌아보면 이렇게 정리할 수 있겠다.[28]

피아노 교습으로 생계를 유지하면서도 (그러다 '불멸의 연인'을 만나게 된다.), 앞에서 언급했듯이, 많은 스승들로부터 체계적으로 음악 이론을 배웠다. 우리가 잘 알다시피, 당시 빈은 유럽 음악의 중심이었다. 숱한 실내악단과 오케스트라가 존재했다. 베토벤이 자신이 작곡한 많은 작품들을 테스트하기엔 그만큼 좋은 환경이 또 없었을 것이다. 게다가 베토벤뿐만 아니라 그에 필적할 만한 실력을 갖춘 뛰어난 젊은 음악인들도 아주 많았을 것이다. 그들과 선의의 경쟁을 펼친 것도 베토벤이 자신의 음악에 깊이를 더하는데 크게 기여했을 것 같다.

또 하나, 빈이 황제국 오스트리아의 수도이다 보니, 그곳에서 여러 귀족들을 만날 수 있었다. 베토벤이 훗날 그 귀족들로부터 후원을 받을 수 있었던 것도 베토벤이 훌륭한 작품들을 남길 수 있었던 토대가 되어 주었음은 두말할 나위가 없었을 것이다. 이를테면, 루돌프 요한 요제프 라이너 대공(곧, 루돌프 대공, 1788~1831년)이나, 카를 알로이스 리히노프스키 공작(곧, 리히노프스키 공작, 1761~1814년), 페르디난트 에른스트 요제프 가브리엘 폰 발트슈타인 운트 바르텐베르크 백작(곧, 발트슈타인 백

28 이하 내용은 조수철, 『베토벤의 삶과 음악 세계』 (서울대학교출판문화원, 2016년)을 참조(특히 제3장, 비엔나 시절)하여 요약한 것이다.

작, 1762 ~ 1823년)들이다. 이들 가운데 특히 네페나 바이올리니스트 리스와 함께 어린 베토벤의 빈 유학에 도움을 준 발트슈타인 백작에 대해서는 다음에 또 언급할 예정이다.

루돌프 대공 오스트리아-이탈리아 화가, 요한 밥티스트 폰 람피 더 엘더(1751~1830년) (부록, 도판 9 참조)가 그린 초상화.

리히노프스키 공작 작자 미상(1800년), 'WIKIPEDIA'에서 전재.

발트슈타인 백작 체코 화가, 안토닌 마체크 (1775~1844년)가 그린 초상화(1800년경).

오스트리아 황제의 아들이자 동생이기도 했던 루돌프 대공은 15세 말 혹은 16세 초 때(1803년 혹은 1804년) 베토벤에게서 피아노를 배웠다. 다른 후원자들은 베토벤을 후원하다, 까탈스러웠던 그의 성격에 삐져 중간에 후원을 그만두기도 했다. 루돌프 대공만은 베토벤이 죽을 때까지 무려 20년 이상 연금을 지원하며 후원했다. 아무리 괴팍하고 까탈스러워도 "스승은 스승"이라며 베토벤에 대한 존경의 마음을 잊지 않았던 것이다. 그런 그에게 베토벤은 <피아노 3중주 7번 내림나장조, 작품번호 97 "대공">을 헌정하였다. 그밖에도 <피아노 협주곡 5번 내림마장조, 작품번호 73 "황제">, <장엄 미사곡 라장조, 작품번호 123> 등, 13곡이나 그에게 헌정했다.

불행하게도 1814년 베토벤이 직접 연주한 그 <피아노 3중주 "대공"> 곡을 마지막으로, 다시는 '피아니스트 베토벤'의 모습을 볼 수 없었다. 이미 귀가 어두울 정도로 어두워졌기 때문이다. 그날 어찌나 건반을 세게 두드렸던지, 피아노 현이 덜거덕거릴 정도였다고 한다.

3. 베토벤에게 영향을 미친 또 다른 사람들

An engineering professor falls for Beethoven,

while walking through books, paintings, and films.

3. 베토벤에게 영향을 미친 또 다른 사람들

베토벤은 오스트리아의 빈에서 생활하면서 본격적인 작곡가로 이름을 날리기 시작했다. 1792년, 스물두 살의 나이로 빈으로 와서 처음엔 피아니스트로 활동하면서 서서히 그의 존재를 드러내었다. 심지어 앞에서 언급한 『장 크리스토프』의 작가 로맹 롤랑 같은 작가가 "베토벤은 즉흥 연주의 달인"이었다고 말할 정도로 뛰어난 피아니스트였다.[29] 피아노 교습 가정교사를 하면서 생계를 유지하였다. 그러면서 여러 스승들로부터 배운 작곡 실력도 점점 향상 되어 갔다. 빈에 온 지 3-4년 되었을 때 초기 피아노 소나타부터 본격적으로 작곡을 시작했다. 특히 28세(1798년)부터 32세(1802년) 사이엔 자신의 음악 세계가 분명히 드러나는 곡들을 작곡하였다. <피아노 소나타 8번 다단조, 작품번호 13 "비창"> 같은 곡도 그중의 한 곡이다.

음악의 수도답게 다른 나라에서 온 비슷한 연배의 친구들을 사귀면서 자기 음악의 폭을 넓혔다. 독일에서 태어났지만 영국에서 온 피아니스트이자 작곡가인 요한 밥티스트 크라머(1771~1858년)나, 이탈리아의 더블 베이스 거장이던 도미니코 드

29 베토벤이 카를 알로이스 리히노프스키 공작(51쪽 참조)의 살롱에서 있었던 매주 금요일 아침 음악회에서 당시 유명한 피아니스트였던 체코 태생의 요제프 겔리네크(1758~1825년)와 피아노 즉흥 연주 경연에서 이겼을 정도로 즉흥 연주에 뛰어났다는 일화가 전해진다.-최은규, 『베토벤』 (북이십일 아르테, 2020년), 122~126쪽 참조.

래곤네티(1763~1846년) 등과 교제를 하였다.[30] 이런 만남들은 그에겐 작곡의 영역을 피아노를 위한 음악에서 다른 악기들도 사용되는 오케스트라용 음악으로 영역을 넓히는 데 도움이 되어 주었다. 이렇게 해서 30세인 1800년에 생애 최초의 교향곡인, <교향곡 1번 다장조, 작품번호 21>을 작곡하였다.[31] 음악 스승이던 하이든과 모차르트가 각각 스물다섯 살, 여덟 살에 첫 교향곡을 쓴 데 비하면 다소 늦은 셈이지만, 오늘날 베토벤은 "교향곡의 황제"라는 칭호를 받을 만큼 최후의 승리자가 되었다.[32]

30 조수철, 『베토벤의 삶과 음악 세계』 (서울대학교출판문화원, 2016년) 참조 (특히 3장, 비엔나 시절).

31 1800년 4월 2일, 빈의 부르크 극장에서 모차르트의 교향곡과 하이든의 오라토리오 <천지창조> 중 아리아와 2중창과 함께 <교향곡 1번>이 초연됨으로써 베토벤의 이름을 모차르트와 하이든과 같은 위대한 음악가, 특히 작곡가의 반열에 오르게 했다.- 최은규, 『베토벤』(북이십일 아르테, 2020년) 참조.

32 '교향곡의 아버지'라 불린 하이든은 106개의 교향곡, 모차르트는 60개(알려진 것은 41개)의 교향곡을 작곡했지만, 베토벤은 고작 9개의 교향곡을 작곡했다. 게다가 쇼스타코비치는 15개의 교향곡을 작곡했다. 특히, 모차르트가 16일 만에 작곡했다는 그의 최후의 교향곡인 <교향곡 41번 다장조, K. 551, "쥬피터">(특히 4악장)는 음악사에서 최고 기악곡 중의 하나로 평가 받는다. 그럼에도 음악사는 물론이고 나아가 인류의 문명사에서 베토벤의 <교향곡 9번 "합창">이 끼친 영향력이 워낙 크다 보니 그런 평가를 받아도 충분하다는 생각이 든다.

요한 밥티스트 크라머 영국 석판 화가, 윌리엄 샤프 (1749-1824년)(부록, 도판 10 참조)가 그린 초상화.

도메니코 드래곤네티 작자 미상, 'WIKI-MEDIA COMMONS'에서 전재.

하지만 우리 모두가 알고 있듯이, 이제 막 꿈을 펼치기 시작한 그에게 큰 시련의 그림자가 드리우게 된다. 32세 되던 1802년, 하일리겐슈타트 유서를 쓸 만큼 귀가 어두워지기 시작했다.

카를 체르니 오스트리아 석판화가, 요제프 크리후버(1800~1876년) (부록, 도판 11 참조)가 그린 석판화(1833년).

그의 이름이 나기 시작하자, 개인 가정교사로 피아노를 배우겠다는 '전도 유망한' 많은 젊은이들이 베토벤의 제자가 된다. 가장 유명한 제자가 바로 카를 체르니(1791~1857년)이다. 피아니스트로서보다도 피아노 교육자로 더 유명하다. 오늘날도 피아노를 배우는 학생 치고 『체르니 교본』을 접해보지 않은 사람이 없을 정도이다. 체르니는 스승 베토벤이 자기에게, **"모짜르트의 연주는 결은 곱지만 잘게 썰린 것 같은 기술이며 레가토**[33]**가 전혀 없어"**와 같이 기존의 대음악가들에 대한 비평도 서슴치 않았다는 걸 기억하였다.[34]

안톤 쉰들러 작자 미상, 'WIKI-PEDIA'에서 전재.

베토벤의 주변 인물들 중 빼놓을 수 없는 세 인물이 있다. 우선 안톤 쉰들러(1795-1864년)이다. 베토벤의 비서를 하면서 베토벤의 초기 전기를 집필하였다. 영화 <불멸의 연인>(이 책, 4장 참조)에서와 같이 소설 같은 이야기를 보탬으로써, 과연 베토벤의 삶에 대한 그의 글이 어디까지가 사실인지, 어디까지가 쉰들러 자신의 추측인지 알 수 없을 정도로 후대 사람들을 헷갈리게 한 죄(?!)를 짓기도 했다. 또 한 사람

이그나츠 모셀레스 영국 화가, 펠릭스 스톤 모셀레스 (1833~1917년) (부록, 도판 12 참조) 가 그린 초상화(1884년).

펠릭스 멘델스존 독일 화가, 에두아르드 마그누스(1799~1872년)(부록, 도판 13 참조)가 그린 초상화(1846년).

은 작곡가이자 피아니스트인 이그나츠 모셸레스 (1794~1870년)로 1808년 이후 베토벤을 우상으로 여기며 그와 친교를 맺었다. 모셸레스는 나중에 그의 친구이자 제자였던 펠릭스 멘델스존(1809 ~ 1847년)과 함께 라이프치히 음악원의 교수로 활동했다.

나머지 한 사람은 의사 프란츠 게르하르트 베겔러(1765~1848년)이다. 베토벤은 귀가 먹어가는 자신의 질병뿐만 아니라 음악 활동, 연애사 등 거의 모든 면에서 그와 상의하고 모든 것을 털어놓을 정도로 가까운 친구였다.

프란츠 베겔러 작자 미상, 'WIKI-PEDIA'에서 전재.

한편, 앞에서 잠시 언급한 발트슈타인 백작에 대해 좀 더 자세히 알아 보자. 자신도 피아니스티이자 작곡가이다 보니 예술가들을 후원하기도 했다. 특히 어린 베토벤을 요제프 하이든에게 추천하고 장학금도 주선해 주었다.

33 기보법에서 레가토(legato)는 호선이 걸린 음표를 부드럽게 이어서, 매끄럽게 연주하라는 지시이다.-'위키백과' 참조.

34 이 일화는 최은규, 『베토벤』 (북이십일 아르테, 2020년), 43쪽 참조. 베토벤은 어릴 적 독일 본의 성 레미기우스 성당에서 오르간을 연주하였다고 한다. 그래서 그런지 당대 다른 피아니스트들과 달리 피아노 연주 때에도 '레가토식 주법'이 많은 오르간식 연주법을 많이 사용하였다고 한다.

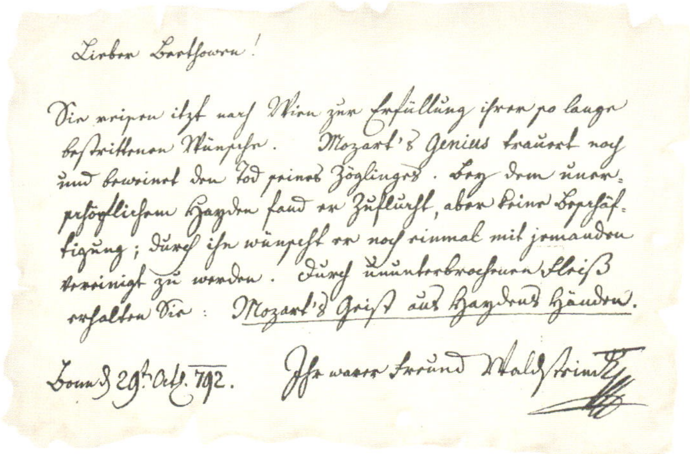

Lieber Beethoven!

Sie reisen itzt nach Wien zur Erfüllung ihrer so lange
bestrittenen Wünsche. Mozart's Genius trauert noch
und beweinet den Tod seines Zöglinges. Bey dem uner-
schöpflichen Hayden fand er Zuflucht, aber keine Beschäf-
tigung; durch ihn wünscht er noch einmal mit jemanden
vereinigt zu werden. Durch ununterbrochenen Fleiß
erhalten Sie: Mozart's Geist aus Haydens Händen.

Bonn d 29t. Oct. 792. Ihr wahrer Freund Waldstein

베토벤이 빈으로 떠날 때, 그의 친구들이 서명한 기념첩 (젊은이의 자필서)에 남긴 발트슈타인 백작의 메시지. 'WIKIPEDIA'에서 전재.

베토벤이 1792년 11월에 빈으로 떠나는 것이 결정되었을 때, 그는 10월 29일, 베토벤의 기념첩에 이렇게 썼다.[35]

> **"친애하는 베토벤! 당신은 오랫동안 염원한 소망을 실현하기 위해 이제 빈으로 떠나게 될 것입니다...지속적인 근면으로 당신은 하이든의 손에서 모차르트의 정신을 얻게 될 것입니다."**

그 이후는 딱히 그와의 교류 이야기는 등장하지 않지만, 1804년에 베토벤은 그에게 <피아노 소나타 21번 다장조, 작품번

35 'WIKIPEDIA'에서 번역 전재; 최은규, 『베토벤』 (북이십일 아르테, 2020년), 103쪽도 참조.

호 53 "발트슈타인">을 헌정하였다. 이 곡이 "발트슈타인"이라는 별칭을 갖는 까닭이다.

라주모프스키 백작 오스트리아 화가, 요한 밥티스트 폰 람피 더 영거 (1775~1837년) (부록, 도판 9의 아들을 안고 있는 오른쪽 아래 작은 사진 참조)가 그린 초상화(1810년).

베토벤의 여러 후원자들 중에는 20년 가까이 빈 주재 러시아 대사였던 안드레이 키릴로비치 라주모프스키 백작(1752~1836년)도 있다. 베토벤이 난청으로 점점 더 어려워하던 때였다. 안드레이 라주모프스키 백작과의 친분으로 그 집에서 자신이 만든 곡의 초연도 하는 등 친분을 유지했다. 이 당시 작곡한 <교향곡 5번 다단조, 작품번호 67 "운명">과 <교향곡 6번 바장조, 작품번호 68 "전원"> 등을 그에게 헌정했다. 베토벤이 그에게 헌정한 <현악 4중주곡> 세 곡은 뒤에 다시 언급할 것이다.

4. 불멸의 연인

An engineering professor falls for Beethoven,

while walking through books, paintings, and films.

4. 불멸의 연인

15세의 엘레오노레 폰 브로이닝 작자 미상(1785년), '나무위키'에서 전재.

이쯤 해서 베토벤 하면 빠질 수 없는 '불멸의 연인'에 대해 이야기할 차례가 된 것 같다. 베토벤의 생애를 보면 어머니 이외에도 주변에 숱한 여인들이 등장한다. 가장 먼저 들 수 있는 사람은 베토벤의 첫사랑 상대였던 엘레오노레 폰 브로이닝(1771~1841년)이다. 베토벤은 평생 친구였던 프란츠 베겔러의 소개로 브로이닝가의 아이들에게 피아노를 가르쳤다. 베토벤이 16세일 때 당시 베겔러는 의과대학생이었다. 그가 19세 될 때 브로이닝가의 장녀였던 18세의 엘레오노레에게 피아노를 가르치면서 사랑의 감정을 느꼈다. 베토벤은 <피아노 소나타 다장조, WoO 51>를 그녀에게 헌정했다.

한편, <바가텔 25번 가단조, WoO 59 혹은 Bia 515> 일명, <"엘리제를 위하여">는 피아노를 배우는 초등학생들도 알 만한 유명한 피아노 바가텔 (Bagatelle, 소품) 곡이다. 베토벤은 이 곡 이외에도 여러 개의 바가텔 곡을 작곡했지만, 이 곡이 가장 유명하다. 이 곡에서 말하는 '엘리제'가 누구일까 하는 의문이 생기지만, 확실히 밝혀진 건 없는 것 같다.

테레제 말파티 작자 미상, '위키백과'에서 전재.

여러 자료들을 참조하면, 엘리제(Elise)는 워낙 난필이었던 베토벤이 자필로 쓸 때 Therese 곧, 테레제를 잘 못 쓴 게 아닐까 하는 설이 일반적이다.[36] 1809년 당시에 40세 된 베토벤의 피아노 교습 제자였던 테레제 말파티(1792~1851년)가 그 '엘리제'일 것이라는 주장이 가장 신빙성이 있다. 그녀는 베토벤이 난청이 점점 심해질 당시의 주치의였던 요한 밥티스트 말파티 폰 몬테레지오(1775~1859년, 요한 말파티)의 조카였다. 베토벤은 친구이자 아마추어 첼리스트였던 이그나츠 폰 글라이텐슈타인(1778 ~1828년) 남작을 통해 그녀에게 사랑을 고백하기도 했다.[37] 요한 말파티는 나중(1811년 봄)에 베토벤으로 하여금 테플리츠에 있는 보헤미안 온천에서의 휴양을 권유했다.[38] 베토벤은 1810년 5월 그

36 최은규, 『베토벤』 (북이십일 아르테, 2020년), 135쪽 참조.

37 베토벤은 나중에 테레제와의 교제에 다리가 되어 준 데 대한 고마움으로 <첼로 소나타 3번 가장조, 작품번호 69>를 그에게 헌정하였다. 참고로 요한 세바스찬 바흐가 작곡한 <여섯 개의 무반주 첼로 모음곡, BWV 1007~1012>는 역사상 무반주 첼로 솔로를 위해 쓰인 최고의 작품이다. 첼로를 독주 악기로 부각시켜 '첼로의 구약성경'이라 불린다. 스페인 출신의 첼로 연주자이자 지휘자인 파블로 카잘스 (또는, 빠블로 꺼절스, 1876~1973년)가 헌책방에서 우연히 이 악보를 발견했다고 한다. 이에 비해 베토벤의 다섯 개 첼로 소나타는, 첼로를 피아노와 대등한 역할을 하는 중요 악기로 자리잡게 만든 명곡이라는 평가를 받고 있다. 특히, <첼로 소나타 3번 가장조, 작품번호 69>는 베토벤의 다섯 개 첼로 소나타 중에서도 최고의 걸작으로 '첼로의 신약성서'로 불릴 정도이다.-'위키백과' 참조.

녀에게 청혼하지만, 스물두 살의 나이 차이, 귓병 등의 이유로 가족들이 반대하자 딱지를 맞았다는 이야기가 전해진다.

청혼 약 한 달 전인 1810년 4월 27일에 테레제에게 바로 이 <“엘리제를 위하여”> 곡을 헌정하였는데, 아마도 청혼을 앞둔 선물이 아닐까 한다.

<“테레제를 위하여”>란 별명이 붙은 베토벤의 작품이 있다. 베토벤이 테레제 브룬스피크란 여인에게 헌정한 <피아노 소나타 24번 올림바장조, 작품번호 78>의 별명이다. 물론 이 테레제는 <“엘리제를 위하여”>에서 언급하는 ‘테레제’와는 전혀 다른 여인이다. 테레제 브룬스피크에 대해서는 나중에 다시 언급할 예정이다.

한편, 베토벤의 사후 한 통의 편지가 발견되었는데, 그 편지는 그가 이른바 ‘불멸의 연인’에게 보내는 내용이 포함되어 있었다. 1812년 7월 6일 아침부터 7월 7일 아침 사이에 써진 편지였다. 테플리츠 휴양지에서 보낸 편지였다.[39]

38 테플리츠에서 괴테와 관련해 일어난 일에 대해서는 79~81쪽 참조.

39 로맹 롤랑, 『베토벤의 생애-서른 살 베토벤의 초상』 (임희근 옮김, 포노, 2020년) / 마르틴 게크, 『베토벤-사유와 열정의 오선지에 우주를 그리다』 (마성일 옮김, 북캠퍼스, 2020년) 참조.

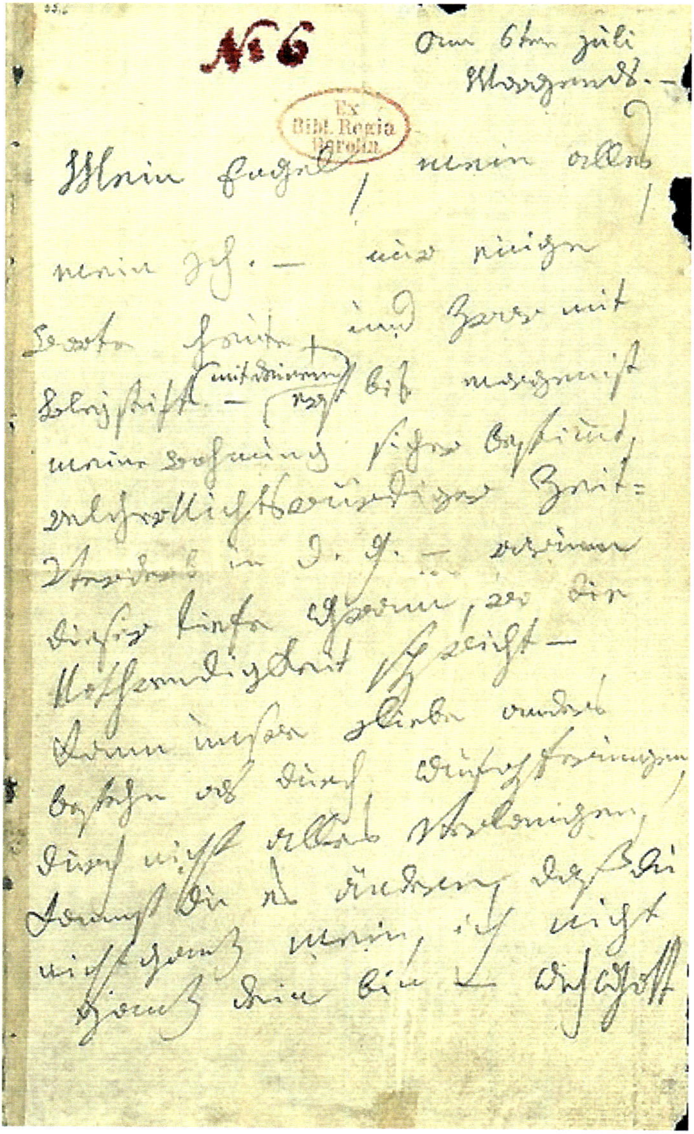

'불멸의 연인'이 언급된 편지 '위키백과'에서 전재.

"…나의 불멸의 연인이여, 내 생각은 당신에게로만 달려가오….당신이 사랑하는 L. 의 마음을 결코 무시하지 말아요….영원히 당신의 것, 영원히 나의 것, 영원히 우리의 것."

이 편지에서 L. 은 루드비히라는 베토벤 자신의 이름임은 물론이다. 영화 <불멸의 연인>은 안톤 쉰들러가 이 '불멸의 연인'을 찾는 내용을 다루었다. 물론 사실과 다른 허구적 내용이 많이 담겨 있다. 영화에서는, '불멸의 연인'으로 추측되는 여인으로 세 사람을 꼽고 있다.

미국과 영국의 합작 영화인 <불멸의 연인>은 1994년에 개봉되었다. 이 영화에서 베토벤 역은 영국 배우 게리 레너드 올드먼(1958년 ~)이 맡았는데 그에 대해서는 7장 4절 <교향곡 9번 "합창"> 편에서 좀 더 자세히 이야기할 것이다.[40]

영화 <불멸의 연인> 포스터

영화 <불멸의 연인>은 헝가리 출신의 명 지휘자 게오르그 솔티(1912 ~1997년)가 음악을 맡았다. 리트비아의 바이올리니스트 기돈 크레머(1947년 ~), 중국계 미국인 첼리스트 요요마(1955년~), 미국 피아니스트인 머리 퍼라

40 최영옥,『영화가 사랑한 클래식』(다연, 2016년) 참조.

게오르그 솔티 '나무위키'에서 전재.

기돈 크레머 'WIKIPEDIA'에서 전재.

요요마 '위키백과'에서 전재.

머리 퍼라이아 '위키백과'에서 전재.

이아(1947년~) 같은 쟁쟁한 거장들이 참여하여 <불멸의 연인> 영화에 나오는 명곡들을 연주했다. 베토벤의 <교향곡 5번 다단조, 작품번호 67 "운명">은 물론이고 <교향곡 3번 내림마장조, 작품번호 55 "영웅">, <교향곡 6번 바장조, 작품번호 68 "전원">, <교향곡 7번 가장조, 작품번호 92>, <피아노 협주곡 5번 내림마장조, 작품번호 73 "황제"> <피아노 소나타 14번 올림다

단조, 작품번호 27-2 “월광”>등 베토벤의 명곡들이 흘러나온다.[41]

베토벤에게서 피아노 교습을 받은 줄리에타 귀차르디(1782~1856년), 그리고 베토벤의 동생 카스파르의 아내였던 요한나 라이스(1786~1869년) 및 귀족인 안나 마리 에르되디 부인(1779~1837년), 세 사람을 들었다. 하지만 어디까지나 영화적 허구일 뿐 사실과는 다른 이야기이다.

줄리에타 귀차르디 베토벤의 소지품에서 발견된 미니어처 초상화, ‘위키백과’에서 전재.

베토벤은 31세 때인 1801년에 19세의 귀차르디에게 피아노를 가르쳤다. 베토벤은 애교 많은 그녀에게 청혼하지만, 이미 그녀에게는 결혼 상대가 정해져 있었다. 그녀는 1803년에 갈렌베르크 백작과 결혼한다. 두 번째로 제부(弟婦)인 요한나를 ‘불멸의 연인’으로 꼽은 것은 그녀의 아들이었던 카를에 대한 베토벤의 끔찍한 사랑 때문일 것이다.[42] 베토벤이 조카인 카를의 양육권을 가져오기 위해 5년간 (1815~1820년) 법적 투쟁을 한 것은 역사적 사실이다. 1820년 재판에 이겨 카를의 양육권을 가져왔다. 아마 영화에선 이런 요한나와의 양육권 다툼이 베토벤의 요

41 최영옥, 『영화가 사랑한 클래식』(다연, 2016년) 참조.

42 베토벤의 조카 카를에 대한 강박에 가까운 집착은 여러 책에서 자세히 기록되어 있다. 이를테면, 민은기, 주대창의 『베토벤- 고난을 딛고 환희로 나아가라』(북이십일 21세기 북스, 2016년), 308~314쪽도 참조하면 좋을 것이다.

안나 마리 에르되디 오스트리아 빈 교외 에들레제의 '베토벤 기념관'에 있는 에르되디의 초상화 양각 명판, '위키백과'에서 전재.

한나에 대한 사랑과 미움 때문인 것으로 추정해 그녀를 '불멸의 연인' 중 한 사람일 것으로 설정한 듯하다. 영화에서는 요한나가 '불멸의 연인'의 주인공인 듯한 설정으로 되어 있지만, 어디까지나 허구일 뿐이다.

한편, 세 번째 여인은 안나 마리 에르되디 부인인데, 에르되디 부인과는 사랑보다는 우정의 관계였다고 보는 게 옳을 것 같다.

영화에서도 자기를 찾아온 쉰들러에게 그 '불멸의 연인'은 자신이 아니라 다른 사람일 것 같다는 힌트를 주는 것으로 되어 있다. 에르되디 부인에게는 <피아노 3중주 5번 라장조, 작품번호 70-1, "유령">(1808년), <첼로 소나타 4번 다장조, 작품번호 102-1 ; 5번 라장조, 작품번호 102-2 >(1815년)를 헌정하였다. 하지만 세 사람은 어디까지나 영화의 설정일 뿐이고, 사실과는 다르다.

베토벤 주변의 주목할 만한 여인들로 먼저 꼽을 수 있는 사람은 베토벤의 친구였던 프란츠 브렌타노(1765~1844년)의 아내, 안토니 브렌타노(1780~1869년)이다. 베토벤은 1823년에 그녀에게 <안톤 디아벨리[43]의 왈츠에 의한 33개의 변주, 작품번호 120> (일명, <디아벨리 변주곡>)을 헌정하기도 했다. 남편이 베

토벤의 친구이고 네 아이의 엄마이기도 했지만 베토벤과 밀회를 즐기기도 했다는 설도 있다.[44]

안토니 브렌타노 독일 화가, 요제프 카를 슈틸러(1781~1858년)(부록, 도판 2 참조)가 그린 초상화 (1808년).

베토벤은 또한 귀차르디 집안과 친족 관계이던[45] 브룬스비크 집안 자녀들에게도 피아노 교습을 한다. 대표적인 여인들로 테레제 브룬스비크(1775~1861년)와 요제피네 브룬스비크 (1779~1821년) 자매를 들 수 있다.

---

43 안톤 디아벨리(1781~1858년)는 오스트리아의 출판업자 겸 작곡가였다. 베토벤은 그의 왈츠를 주제로 33개의 변주곡을 작곡한 것이다. 그는 베토벤의 <교향곡 7번>을 피아노곡과 피아노 연탄곡으로 편곡하기도 했다. 그는 특히 프란츠 슈베르트의 <마왕 작품번호 1, D.328>을 출판하는 등, 슈베르트의 음악을 알리는 데도 크게 이바지하였다.(얀 카이에르스, 『베토벤』 (홍은정 옮김, 도서출판 길, 2018년), 694~696쪽 참조.

44 '나무위키' 참조.

45 귀차르디와 테레제/요제피네 자매들의 관계에 대해서는 책마다 조금 다르게 되어 있는 것 같다. 이를테면, 로맹 롤랑의 『베토벤의 생애-서른 살 베토벤의 초상』(임희근 옮김, 포노, 2020년)과 얀 카이에르스, 『베토벤』 (홍은정 옮김, 도서출판 길, 2018년)에서는 서로 사촌 간이라고 되어 있는 반면, 민은기, 주대창의 『베토벤-고난을 딛고 환희로 나아가라』 (북이십일 21세기 북스, 2016년)에서는 테레제/요제피네 자매가 귀차르디의 조카라고 표현되어 있다. 따라서 정확성을 기하기 위해 이 책에서는 두 집안 관계를 '친족 관계'라고 표현하였다.

테레제 브룬스비크 작자 미상(1824년), '위키백과'에서 전재.

요제피네 브룬스비크 작자 미상(1804년 이전), '위키백과'에서 전재.

베토벤이 29세이던 1799년부터 테레제와 요제피네 자매에게 피아노를 가르쳤다. 당시 언니 테레제는 25세였고, 요제피네는 21세로 "부드럽지만 자존심 강한 숙녀"였다.[46] 하지만 요제피네는 경제적인 문제로 부모들 사이에 이미 결혼을 약속한 요제프 그라프 폰 다임 백작(1752~1804년)이란 사람이 있었다. 요제피네와 베토벤은 서로에게 사랑을 느꼈지만, 요제피네는 어쩔 수 없이 다임 백작과 결혼하게 된다. 하지만 요제피네의 남편 다임 백작은 1804년에 안타깝게 폐렴으로 급사해 버리고 여러 가지 사정으로 다시 크리스토프 폰 슈타켈베르크(1777~1841년) 남작과 만나 불행한 결혼 생활을 하게 된다. 요제피네와의 결혼이 깨어져 버리자마자 처음엔 언니인 테레제와도 가까워지지만, 베토벤은 바로 줄리에타 귀차르디에게 다시 구애를 하기도 한다.

46 로맹 롤랑, 『베토벤의 생애-서른 살 베토벤의 초상』 (임희근 옮김, 포노, 2020년) 참조.

베토벤은 1802년에 귀차르디에게 이른바 "월광"으로 잘 알려져 있는 <피아노 소나타 14번 올림다단조, 작품번호 27-2> (작곡 1801년)을 헌정하였다.[47] 원래 그녀를 위해 작곡한 작품은 아니지만, 그녀를 향한 연정을 이기지 못해 충동적으로 그렇게 한 것으로 알려져 있다. 언니 테레제도 베토벤에 대해 연정을 품었지만, 테레제는 베토벤이 자신을 사랑하는지 확신을 하지 못했다고 한다. 베토벤은 테레제에게도 <피아노 소나타 24번, 올림바장조, 작품번호 78>를 헌정하였다. 앞서 언급한 바와 같이 이 곡은 "테레제를 위하여"란 별명을 가지고 있다.

47 잘 알려져 있다시피, '월광' 이란 이름은 독일 시인이자 평론가인 루드비히 렐슈타프(1799~1860년)가 이 곡의 1악장을 듣고 "스위스 루체른 호수의 달빛 아래 물결에 흔들리는 작은 배처럼" 느껴진다고 해서 붙여진 이름이다. 2017년 개봉된 우리나라 영화 <그것만이 내 세상>(최성현 감독, 이병헌, 박정민 주연)에서도 <"월광" 소나타>가 등장한다. 자폐증이나 지적 장애를 가졌지만, 어떤 분야에서 천재적인 능력을 발휘하는 질병 곧, '서번트 증후군'을 앓는 오진태 (박정민 분)가 <"월광" 소나타> 3악장(프레스토 아지타토(Presto agitato))을 연주한다. 이 영화에서는 <"월광" 소나타> 이외에도 러시아의 세르게이 라흐마니노프(1873~1943년)의 <피아노 협주곡 2번 다단조, 작품번호 18), 폴란드의 프레데리크 프랑수아 쇼팽(1810~1849년)의 <녹턴 2번 내림바장조, 작품번호 9-2>, 쇼팽의 <발라드 3번 내림가장조, 작품번호 47>, 쇼팽의 <피아노 협주곡 1번 마단조, 작품번호 11> 3악장 (론도-비바체(Rondo-vivace;론도-아주 활기차게), 쇼팽의 <즉흥곡 4번 올림다단조, 작품번호 posth.(유작) 66> 중 <"환상">, 및 브람스의 <헝가리 무곡 5번, WoO 1> 등이 등장한다.(김태용, 『영화관에 간 클래식』 (페이스메이커, 2019년) 참조).

1846년에 테레제가 쓴 일기를 보면, **"요제피네가 첫 남편과 사별한 후 왜 베토벤을 남편으로 맞이하지 않았을까?...슈타켈베르크와 결혼하는 것보다 베토벤과 결혼하는 것이 훨씬 더 행복하였을 텐데..."**라는 말이 나온다.[48] 요제피네의 남편 다임 백작의 안타까운 죽음으로 미망인이 된 요제피네는 또다시 베토벤과 만난다. 베토벤이 1806년 작곡한 <교향곡 4번 내림나장조, 작품번호 60>, 특히 1악장 알레그로(allegro; 빠르게)에는 요제피네와 다시 시작된 사랑의 마음이 담겨 있다고 평가되고 있다. 요제피네는 슈타켈베르크와의 불행한 결혼 생활 중에도 베토벤을 가끔 다시 만났다.

학자마다 의견이 일치하지는 않지만, 위에 언급한 사실 등으로 미루어 볼 때 로맹 롤랑을 비롯하여 많은 학자가 주장하는 바와 같이 바로 이 요제피네가 '불멸의 연인' 편지의 주인공이라는 설이 널리 받아들여지고 있다. 그럼에도 편지에 적힌 '불멸의 연인'이 진실로 누구인가에 대해서는 아직도 수수께끼로, 베토벤이 부활하여 직접 답해야 할 문제일 것 같다.[49]

48 조수철, 『베토벤의 삶과 음악 세계』 (서울대학교출판문화원, 2016년)을 참조(제5장 여인론, 특히, 217쪽).

49 '편지 속 베토벤의 <불멸의 연인>은 누구일까?' 하는 의문은 영원히 풀리지 않는 수수께끼일지도 모른다.

베티나 브렌타노 혹은 베티나 폰 아르님 독일 화가, 루트비히 에밀 그림(1790~1863년)(부록, 도판 14 참조)이 그린 연필 세밀화(1800~1810년경).

루드비히 아힘 폰 아르님 독일-러시아 화가, 피터 에두아르드 스트뢸링 ('스트뢸리'라고도 불림) (1768 - 1826년경)이 그린 초상화(1803~1804년).

베토벤 주변의 여인들로 또 빼놓을 수 없는 인물이 있다. 앞서 언급한 바 있는 안토니 브렌타노의 남편인 프란츠의 이복동생인 베티나 브렌타노(1785-1859년)이다. 그러니까 안토니와 베티나는 시누이/올케 사이인 셈이다. 베티나 브렌타노는 베티나 폰 아르님이라고도 불리는 독일의 작가이다. 그녀는 (유럽 통합으로 지금은 사용되고 있지 않지만, 유로화 사용 전에 발행된) 독일의 5마르크 화폐 인물로 그려질 만큼 독일 역사에서도 중요한 인물이다. 그녀의 남편은 역시 독일의 시인이자 소설가였던 루드비히 아힘 폰 아르님(1781~1831년)이었다. 그녀는 로베르트 알렉산더 슈만(1810~1856년)과 요하네스 브람스와 친분이 있었는데, 특히 요한 볼프강 폰 괴테(1749~1832년)를 흠모하였다. 루돌프 대공 시절이었다. 그녀는 베토벤에게 괴테를 소개해 주었다.

요한 볼프강 폰 괴테 요제프 카를 슈틸러(부록, 도판 2 참조)가 그린 초상화(1828년).

슈만 독일 화가, 아돌프 프리드리히 에르트만 폰 멘첼(1815~1905년) (부록, 도판 15 참조)이 그린 초상화(1856년 혹은 이전).

베티나 폰 아르님의 초상화가 그려진 독일 5마르크 지폐 1991년 8월 발행, '위키백과' 참조.

베토벤은 1810년 7월 그녀에게, **"행복이 나의 뒤를 따라 온다. 사랑스런 베티나. 사랑스런 어린 소녀여…"**하며 그녀에게 편지를 보낼 정도로 애정을 보였다. 베토벤은 괴테를 만난 이후 그에게 큰 존경심을 보였다. **"언제나 라장조처럼 위대하고 당당하게 보인다."**

며 존경심을 드러내었다. 하지만 몇 번 베토벤을 만나 본 괴테는 베토벤을 **"불행히도 완전히 길들여지 않은 '제멋대로'인 사람"**이라며 탐탁히 여기지 않았다.[50]

베티나와 괴테, 그리고 베토벤 사이에 있었던 일들 중에 가장 유명한 일화 중 하나는 테플리츠에서 황족 일행과 마주친 사건이 아닐까 한다.[51] 1812년, 요한 말파티 의사의 권유를 받아 1811년 봄에 이어 다시 테플리체를 찾게 되었을 때이다.

독일 화가, 카를 로힝이 그린 <테플리체에서 일어난 일(The Incident at Teplitz)>이란 그림을 보자. 1812년 체코 테플리체에서 괴테와 베토벤이 황족을 마주친 순간을 그린 그림이다. 테플리체는 체코 보헤미아 북서부에 위치한 우스티주의 도시이다. 체코에서 카를로비바리에 이어 두 번째로 큰 온천 도시이다. 이 그림에서 볼 수 있듯이 괴테는 황족들에게 정중하게 인사하는 반면, 베토벤은 고개를 빳빳하게 든 채 외면해 버린다. 물론 귀가 어두우니 지체 높으신 분이 하는 인사말을 알아듣지 못해서 그럴 수도 있겠지만, 아무튼 좀 무례한 베토벤의 단면을 보여 주는 상

50 로맹 롤랑, 『베토벤의 생애-서른 살 베토벤의 초상』(임희근 옮김, 포노, 2020년) / 마르틴 게크, 『베토벤-사유와 열정의 오선지에 우주를 그리다』(마성일 옮김, 북캠퍼스, 2020년) 참조.

51 임현정, 『당신에게 베토벤을 선물합니다』(원앤원북스, 2020년) 참조. 이즈음 역시 테플리츠에 아말리 제발트(1787~1846년)라는 베를린에서 온 소프라노 가수와도 인연을 맺는다. "테플리츠에서 베토벤과 제발트는 금세 친해졌으며 현재까지 남아 있는 두 사람의 서신을 보면 단순한 친분이나 호감을 넘어서 적극적으로 사귀는 사이었던 것으로 보인다."-'나무위키' 참조.

<테플리츠에서 일어난 일 (The Incident at Teplitz)> 독일 화가, 카를 로힝(1849~1922년) 그림 (1887년). 《Poplular Beethoven》 (https://www.popular-beethoven.com/ beethoven- anecdotes-the-incident-at-teplitz/)에서 전재.

징적인 그림이 아닌가 하는 생각이 든다.

훗날 베토벤은 테플리체에서의 황족 일행과의 우연한 만남을 언급하며 베티나에게 보낸 편지에 이렇게 썼다.

> **"황족들이 줄을 서서 나를 기다렸어요. 루돌프 대공이 모자를 벗자, 황후도 나에게 먼저 인사를 했습니다. 이 황족분들은 모두 나를 알고 있었습니다."**

황족들이 괴테에게 인사하는 것이 아니라 자신에게 인사를 했다는 자부심이다. 그런가 하면 황족들이 모두 떠나자, 베토벤은 괴테를 기다렸다가 이렇게 말했다고 한다.

> **"음, 저는 당신이 마땅히 받아야 할 만큼 당신을 존경합니다. 당신을 존중하기 때문에 당신을 기다리고 있었구요. 그런데 당신은 저분들에게 너무 지나치게 공손하네요."**

그러면서 나중에 괴테에 대해 실망감을 나타내었다고 하는 이야기가 전해진다. 음반출판사 지인이었던 고트프리트 크리스토프 하에르텔(1763~1827년)에게 **"괴테는 시인이 되기보다 궁정 분위기를 훨씬 더 좋아하는 것 같습니다"**라고 말하기도 했다고 한다.[52]

---

52 이 일화는 《Popular Beethoven》에 게재된 내용을 발췌하여 번역한 것임. (https://www.popularbeethoven.com/beethoven-anecdotes-the-incident-at-teplitz/) 참조.

아무튼 로맹 롤랑이 남긴 말로 베토벤과 '불멸의 연인'에 관련된 이야기를 마무리하고자 한다. 로맹 롤랑은, **"그는 유행따라 옷을 잘 입는 남자였다...입술은 멋지고, 치아는 반짝반짝 빛나고, 아름답고 호소력있는 두 눈...무대에 오르는 기교 좋은 예술가는 여자들의 마음을 끌게 되어 있다."**라고 말하며 베토벤이 왜 그렇게 많은 여인들과의 사랑 이야기에 얽혀 있는가에 대해 그 이유를 설명하기도 했다. 하지만 로맹 롤랑은 '불멸의 연인'을 포함한 베토벤의 여인들과 관련해, 다음과 같이 선을 그었다.[53]

> **"그는 사랑에 신들린 사람이었다...그의 가슴에 열정이 없었던 적은 없다...그의 욕심 많은 본성이 애정을 갈구했다...하지만 그는 여자들과의 관계를 스스로 금했고 사랑에도 철벽을 쳤다."**

53 로맹 롤랑, 『베토벤의 생애-서른 살 베토벤의 초상』 (임희근 옮김, 포노, 2020년) 참조.

5. 베토벤과 문학 작품들

An engineering professor falls for Beethoven,

while walking through books, paintings, and films.

5. 베토벤과 문학 작품들

괴테 이야기가 나왔으니 이제 베토벤의 음악 작품들과 관련된 문학 작품들을 알아 보자. 물론 <♪아델라이데, 작품번호 46♪>[54], <♪Ich liebe dich, WoO 123♪>[55], <♪멀리 있는 연인에게, 작품번호 98♪>[56]와 같이 시詩를 바탕으로 하여 작곡한 그의 잘 알려진 가곡 등도 문학 작품에 바탕을 둔 음악에 포함할 수는 있을 것이다. 하지만 특별히 여기서는 고전문학 작품과 관련된 대표

---

54 <♪아델라이데♪>는 베토벤 살아생전에도 많은 인기를 얻은 가곡이다. 베토벤도 자신이 만든 이 곡을 아주 좋아했다고 한다. 독일 시인 프리드리히 폰 마티손(1761~1831년)의 시에 곡을 붙였다. 처음엔 '칸타타'란 이름으로 출판될 만큼 독창 칸타타에 가까운 곡이다. 1815년 1월 25일 빈 궁정에서 러시아의 황후 엘리자베타 알렉세예브나(1779~1826년)의 생일 축하연에서 테너 프란츠 빌트가 <♪아델라이데♪>를 불렀는데, 베토벤이 직접 피아노를 연주하였다고 한다. 사실상 이때가 베토벤이 피아니스트로 선 마지막 무대였다고 한다.-'위키백과' 및 얀 카이에르스, 『베토벤』(홍은정 옮김, 도서출판 길, 2018년), 273쪽 참조.

55 <♪Ich liebe dich♪> 이 곡은, 독일의 성직자이자 작가인 카를 프리드리히 빌헬름 헤로세(1764~1821년)의 "Zärtliche Liebe"(부드러운 사랑)라는 시로부터 발췌해 작곡하였다. 베토벤이 1795년에 작곡한 후 1803년에 처음 출판하였다. 이 곡은 보통 가사 첫 줄의 "Ich liebe dich"(그대를 사랑해)로 언급된다.-'위키백과' 참조.

56 <♪멀리 있는 연인에게(An die ferne Geliebte)♪>는 베토벤이 1816년에 빈에서 작곡한 연가곡이다. 프라하 출신의 의학생 알로이스 야이텔레스(1794~1858년)가 스물한 살 때 쓴 연작시에 곡을 붙였다. 베토벤은 야이텔레스의 전쟁 부상자에 대한 자선활동을 지원한 것에 대한 답례로 야이텔레스에게서 이 시를 받았다고 한다. 갖은 질병으로 고생하던 베토벤이었기에, 야이텔레스의 헌신적인 의료봉사 활동에 감동받아 그에게 격려 편지를 하자 그에 대한 답례로 베토벤에게 연작시를 보내 왔던 것이다. <♪아델라이데♪> 와 <♪Ich liebe dich♪>가 스물다섯 살 나이에 작곡된 반면, <♪멀리 있는 연인에게♪>는 40대 후반일 때 작곡된 만큼 애절하고 그리운 감정이 묻어 있다.-'위키백과' 및 안인모, 『루브르에서 쇼팽을 듣다』(지식서재, 2024년), 170~177쪽 참조.

적인 세 작품에 대해 알아보고자 한다. 곧, <코리올란 서곡[57] 다단조, 작품번호 62>, 또 하나는 <에그몬트 서곡, 작품번호 84>, 그리고, <피아노 소나타 17번 라단조, 작품번호 31-2 "템페스트"> 세 곡이다.

청력 상실로 인해 삶의 괴로움을 겪으며, 베토벤은 문학과 철학에도 큰 관심을 갖게 된다. 작곡 틈틈이 책 읽기를 무척 좋아했다고 한다. 고대 (기원전(B.C.) 8세기경) 그리스 시인인 호메르스의 『오딧세이』, 『일리아드』 등은 물론이고. 괴테뿐만 아니라 독일 시인 요한 프리드리히 폰 실러(1759~1805년)와 영국의 윌리엄 셰익스피어(1564~1616년) 등의 문학에도 심취하였다.[58]

먼저 <코리올란 서곡 다단조, 작품번호 62>부터 살펴 본다. 연주회용 서곡이다. 베토벤의 친구이자 법률가, 시인이었던 오스트리아의 하인리히 요제프 폰 콜린(1771~1811년)의 희곡 <코리올라누스(독일식 표기로는 "코리올란")> 작품에 감명받아 쓴 곡이

57 서곡(overture)은 발레, 오페라 또는 오라토리오에서 활용된 기악 도입부 음악을 가리킨다. 본래 프랑스어로 '시작'을 의미하는 "ouverture"의 번역어이다.-'위키백과' 참조.

58 베토벤의 50여 권의 유고 목록 중에 괴테의 『서동시집』과 호메로스의 『오딧세이』, 그리고 독일의 신학자, 크리스토프 크리스티안 스텀(1740~1786년)의 『자연과 섭리에서 신의 창조물에 대하여』, 이 세 권의 책엔 베토벤이 밑줄을 그어 놓은 부분이 있다고 한다. 또한, 베토벤은 앞서 나온 바 있는 <"엘리제를 위하여">의 주인공 테레제 말파티에게 괴테의 『빌헬름 마이스터』와 셰익스피어의 작품들을 읽어보라고 권하기도 했다고 한다.-마르틴 게크, 『베토벤-사유와 열정의 오선지에 우주를 그리다』(마성일 옮김, 북캠퍼스, 2020년), 183쪽, 247쪽 참조.

다. 이 작품은 실제 고대 로마의 정치가였던 코리올라누스의 삶을 소재로 한 작품이다. 전 5막으로 되어 있다. 물론 같은 제목으로 쓰인 윌리엄 셰익스피어의 비극 작품도 있지만, 베토벤은 콜린의 작품을 소재로 작곡했다.

『플루타르코스 영웅전』에는 고대 그리스/로마 제국의 영웅들 이야기가 등장한다. 고대 그리스 시대의 철학자, 정치가 겸 작가인 플루타르코스(46~119년 이후)의 저작이다. 로마의 창시자인 로물루스(B.C. 771~B.C. 717년)부터 가이우스 율리우스 카이사르 (B.C. 100~B.C. 44년), 알렉산드로스 대왕(B.C. 356~B.C. 323년) 등 당대의 영웅들 이야기가 재미있게 펼쳐진다. 영웅 23쌍의 대비 열전과 4편의 단독 전기가 수록되어 있다.

플루타르코스 '위키백과'에서 전재.

코리올라누스[59]

59 『플루타르코스 영웅전 세트』(신복룡 옮김, 을유문화사, 2021년)에서 전재.

<코리올라누스의 발치에 있는 베투리아> 이탈리아 화가, 가스파레 랜디(1756~1830년)(부록, 도판 16 참조) 그림.

카이우스 마르키우스 코리올라누스는 고대 로마(B.C. 5세기경) 귀족 가문에서 태어난 로마의 정치가였다. 로마에서 이름은 아주 중요한 의미를 가진다. 카이우스는 원래 그의 이름이고 마르키우스는 그의 가문 이름이다. 여기에 마지막 이름은 그가 로마의 변방 지역인 코리올리를 정복해 큰 공을 세움으로써 그의 이름에 코리올라누스가 새롭게 붙게 되었다. 그는 귀족을 대표하는 세력이었다. 민중들과 의견을 달리하다 고국을 위한 전쟁에서 큰 공을 세우고도 결국 외국으로 추방되고 만다. 이에 복수심에 불타 한때 자신과 싸웠던 이웃 적국의 볼스키족을 이끌고 로마로 진격해서 조국에 큰 위협을 준다. 그의 아내('볼룸니아')와 어머니('베투리아')의 충고로 복수심을 잠재우게 되지만, 로마로 다시 돌아올 수는 없었기에 그만 스스로 목숨을 끊을 수밖에 없었다. 적진으로 찾아가 아들을 설득하는 그 어머니의 말은 오늘날도 널리 회자되는 명언이다.

> **"아들아, 네가 정녕 네 조국을 유린하고자 한다면 내가 가진 마지막(목숨)을 아껴 무엇에 쓰랴. 그러니 이 어미의 시체를 밟고 가라."**

가스파레 랜디라는 이탈리아 화가가 그린, 앞 장의 그림을 보면 아들을 설득하는 어머니의 모습을 머릿속에 그려볼 수 있을 것이다. 시어머니 곁에 아들을 안은 아내의 모습도 보인다.

이런 비극적인 삶을 살다 간 코리올라누스 곧, 코리올란을 소재로 한 콜린의 희곡을 위한 서곡이 바로 <코리올란 서곡 다단조, 작품번호 62>이다. 이 서곡은 1807년에 작곡되어 초연되었다. 음악학자들의 분석에 따르면, 제1 테마는 주인공 코리올란의 기개를 나타내어 정열적이며, 제2 테마는 어머니와 아내가 코리올란에게 헌신적으로 애원하는 느낌을 갖게 하고, 종결부는 웬지 모르게 코리올란의 죽음을 연상시킨다고 한다.

당시 베토벤이 <교향곡 4번 내림나장조, 작품번호 60>, <교향곡 5번 다단조, 작품번호 67 "운명">, <교향곡 6번 바장조, 작품번호 68 "전원">과 <피아노 협주곡 4번 사장조, 작품번호 58>, <바이올린 협주곡 라장조, 작품번호 61> 등의 작곡으로 바쁜 상황이었기에, 이 서곡은 단 한 번에 써졌다고 한다. 특히 <교향곡 5번 다단조, 작품번호 67 "운명">의 1악장과 같은 다단조, 알레그로 콘 브리오(allegro con brio; 힘차게 빨리)인 것 외에도 다른 동기의 끊임없는 전개 등 유사점이 많이 발견된다고 한다. 1807년 3월에 요제프 프란츠 막시밀리안 로브코비츠 공(1772~1816년)(일명, 로브코비츠 공)의 저택에서 <교향곡 4번 내림나장조, 작품번호 60>과 <피아노 협주곡 4번 사장조, 작품번호 58>과 함께 초연되었다.

한편, <에그몬트 서곡, 작품번호 84 >는 베토벤이 1809년에 쓴 작품이다. 괴테의 5막으로 된 희곡 『에그몬트』를 소재로 하였다.[60] 1775년에 쓰기 시작해 1788년에 출판하였다. 에그몬트(1522~1568년)는 실존 인물로서, 1557~1559년에 있었던 스페인과

60 『대세계 철학적문학전집』(정진웅, 최민홍, 김기혜 옮김, 백문당, 1978년) 중 「에그몬트」 참조.

프랑스의 전쟁에서 스페인의 편에 서서 싸웠다. 1559년, 스페인의 황제 펠리페 2세(1527~1598년)는 에그몬트가 사는 네덜란드의 섭정으로 그의 누나 마가레테 폰 파르마(1522~1586년)를 보낸다. 이러한 역사적 사실을 바탕으로 쓴 괴테의 비극 작품이다.

1568년 브뤼셀이 배경이다. 브뤼셀은 지금은 벨기에의 수도이지만 당시에는 네덜란드 땅이었다. 네덜란드 브뤼셀의 에그몬트 백작은 백성들에게 사랑받는 귀족이었다. 신교(개신교)의 네덜란드와 구교(가톨릭)의 스페인 간의 정치적, 종교적 대립이 고조되던 시기였다. 섭정을 맡은 스페인 카를 5세 왕(1500~1558년)의 딸이자 펠리페 2세 왕의 누나 파르마가 백성들의 갈등을 평화적으로 해결하고자 노력하지만, 펠리페 2세 왕은 백성들에게 무력을 행사해 나라의 안정을 꾀하고자 한다. 물론 여기에는 에그몬트 백작을 시샘한 알바 공작의 음흉한 계략이 한몫 했다. 결국 알바 공작의 계략으로 말미암아 옥에 갇힌 에그몬트는 화형에 처해진다. 하지만 5막 마지막, 화형을 앞둔 하루 전날 밤 꿈엔 개선행진곡과 함께 천국의 월계관을 받게 된다.(꿈에 나타난 천사는 바로 자신의 사형선고를 듣고 안타까워 하며 스스로 목숨을 끊은, 그의 연인 '클레르헨'이다.) 줄거리가 아주 음악적이다.

에그몬트 백작 작자미상(1564년), '위키백과'에서 전재.

괴테는 그의 작곡가 친구 필립 크리스토프 카이저(1755~1823년)에게

『에그몬트』를 위한 극장음악을 작곡해 줄 것을 부탁했지만, 성공하지 못했다. 그러던 차에 1809년, 빈 궁정 극장의 지배인인 제프하르틀이 『에그몬트』를 오페라화할 계획을 세운다. 베토벤은 괴테에 대한 존경심을 담아 1809년 10월부터 1810년 6월까지 <에그몬트>를 작곡했다. 1810년 8월 21일에 친구에게 보낸 편지에서 베토벤은 **"나는 오직 시인에 대한 존경의 마음으로 <에그몬트>를 작곡했네"**라고 썼다. 그가 괴테에게 보낸 다음 편지를 보면 그의 존경심을 더 잘 알 수 있다.

> **"위대한 분께**
>
> **저처럼 당신을 존경하는 한 친구가 급히 그곳으로 떠나는 일이 있기에 감히 그에게 부탁하여 감사의 글을 보냅니다. 베티나 브렌타노는 당신이 저를 친절하게 받아주시시라 했지만, 제가 감히 어찌 그런 환대를 기대할 수 있겠습니까? 곧 저의 <에그몬트>를 받게 되실 것입니다. 당신의 평가를 기대합니다. 어떤 비판도 최상의 찬사와 마찬가지로 저와 저의 예술에 도움이 되오니 즐겁게 받아들이겠습니다."**[61]
>
> **- 당신의 숭배자, 루드비히 판 베토벤**

초연은 1810년 6월 15일, 부르크 극장에서 베토벤의 지휘로 이루어졌다. <에그몬트>는 서곡과 아홉 개의 곡으로 구성되어 있다. 서곡 이외에, 가곡 <♪북이 울리면♪>과 <♪기쁨과 슬픔♪>, 그리고 <♪클레르헨의 죽음♪>이 잘 알려져 있다.

<에그몬트와 클레르헨> 스위스 태생 오스트리아 화가, 앙겔리카 카우프만(1741~1807년) (부록, 도판 17 참조) 소묘.

61 조수철, 『베토벤의 삶과 음악 세계』(서울대학교출판문화원, 2016년), 118쪽 참조.

<에그몬트 서곡>은 에그몬트 백작의 기백을 상징하는 듯 장대하다. 두 개의 주제가 환상으로 이루어져 있다. 그 기백 때문일까? 1956년 헝가리 정부가 구소련에 대해 종속적인 정책을 펴자 그에 항거하여 일어난, 이른바 '헝가리 혁명' 때는 비공식 국가로 사용되기도 했다.[62]

영화음악이 영화 내용을 더 잘 이해하는 데 도움을 주듯이, 문학 작품의 제목을 표제로 하는 음악은 배경이 된 문학 작품의 줄거리를 이해하고 음악을 들으면 더 잘 이해가 되는 것 같다. 세 부분으로 되어 있는 <에그몬트 서곡, 작품번호 84>, 이 곡도 1. 서주부; 소스테누토 마 논 트로포((Sostenuto ma non troppo; 음의 길이를 충분히 끌되, 너무 지나치지 않게), 바단조, 3/2박자)는 바 음의 유니즌으로 시작되어 공포정치의 압박과 에그몬트 백작의 고뇌를 나타내고, 주부는 알레그로((Allegro; 빠르게), 바단조, 3/4박자)로서, 전진하는 정신과 공포심을 정복하는 분위기를, 그리고 종결부 알레그로 콘 브리오((Allegro con brio; 힘차게 빨리), 바장조, 4/4박자)는 힘찬 악장으로, 승리의 장엄함을 과시한다고 한다.

다음은 <피아노 소나타 17번 라단조, 작품번호 31-2 "템페스트">에 대해 알아보자. 작품번호 31로 묶인 세 곡의 피아노 소나

---

62 '위키백과' 참조.

63 <피아노 소나타 16번 사장조, 작품번호 31-1>, <피아노 소나타 17번 라단조, 작품번호 31-2 "템페스트">, <피아노 소나타 18번 내림마장조, 작품번호 31-3 "사냥">

타[63] 가운데 두 번째 작품이다. 작품번호 31의 세 피아노 소나타 작품은 베토벤만의 독창적인 음악적 수법들이 본격 등장하고 있기 때문에 음악적으로도 상당히 중요한 작품들이다.[64]

이 작품엔 '폭풍우'란 뜻의 "템페스트(Tempest)"란 별명이 붙어 있다. 베토벤 자신이 붙인 게 아니라 후대에 붙여진 별명이다. 그의 전기 작가이자 비서였던 안톤 쉰들러가 전해 준 일화 덕분이다. 그가 인상적인 그 소나타에 대해 찬사를 보내며, **"이 소나타를 이해하는 데 필요한 힌트를 주세요."**라고 말했더니, 베토벤은 **"그냥 셰익스피어의 『템페스트』를 읽어 보게나."**라고 답했다고 한다.[65]

셰익스피어 영국 조각가, 마틴 드뢰스하우트(1601~1650년)가 그린 판화. 1623년에 출판된 셰익스피어 작품집 『First Folio』 표지.

쉰들러의 말이 어디까지가 사실인지 증명할 수는 없지만, 실제 베토벤의 사후에 유품을 정리하다 보니 셰익스피어의 『템페스트』가 발견되었다고 한다.

---

64 마르틴 게크, 『베토벤-사유와 열정의 오선지에 우주를 그리다』 (마성일 옮김, 북캠퍼스, 2020년)에는 특히, <"템페스트" 소나타>에 대한 여러 명의 음악가, 음악학자, 작곡자, 철학자 등에 의한 음악적 분석이 책 전체에 걸쳐 상세히 서술되어 있다(예: 7, 16, 18, 19, 24장 등).

65 마르틴 게크, 『베토벤-사유와 열정의 오선지에 우주를 그리다』 (마성일 옮김, 북캠퍼스, 2020년), 104, 241쪽 참조.

66 윌리엄 셰익스피어, 『템페스트』 (이경식 옮김, 문학동네, 2009년) 참조.

베토벤의 "템페스트"와 셰익스피어의 『템페스트』가 과연 어떤 연관성이 있을까 궁금하다면 셰익스피어의 『템페스트』를 꼼꼼히 읽어보길 권한다. 베토벤의 머릿속을 우리가 알 수는 없지만, 셰익스피어의 작품을 읽고 나면, "아하, 그래서, <피아노 소나타 17번>에 대한 질문에, '그냥 셰익스피어의 『템페스트』를 읽어보게나.'라는 답을 했구나" 하고 어느 정도 고개를 끄덕일 수 있을 것 같다. 5막으로 구성된 셰익스피어 『템페스트』의 개략적인 줄거리는 다음과 같다.[66]

프로스페로는 밀라노 공국의 공작이었다. 프로스페로는 공국 경영에는 관심이 없고 오로지 책 읽기에만 관심이 있다. 반면, 동생 안토니오는 권력에 대한 욕심이 컸다. 나폴리의 왕 알론소와

<『템페스트』의 미란다> 영국 화가, 존 윌리엄 워터하우스(1849~1917년) (부록, 도판 18 참조) 그림(1916년).

짜고 프로스페로를 그의 딸 미란다 (앞, 존 워터하우스의 그림 참조)와 함께 바다로 추방한다. 프로스페로의 충신이었던 곤잘로는 그에게 식량과 마법책을 실은 배를 마련해 준다. 프로스페로의 배는 어느 섬에 도착하여 12년의 세월을 보내게 된다. 그곳에서 강력한 마법을 익힌 프로스페로는, 원래 그 섬을 다스리다 사망한 마녀 시코락스의 아들 켈리반과 그녀의 정령 에어리얼을 부리게 된다. 한편, 알론소 왕은 안토니오 등 신하들과 함께 아프리카 튀니지 왕에게 시집간 딸의 결혼식에 참석하고 귀국길에 오른다. 프로스페로는 알론소 왕 일행이 탄 배가 자기가 살고 있는 섬 가까이에 오자 마법의 힘으로 폭풍을 일으켜 그 배를 난파시킨다.(조지 롬니가 그린 아래 그림 참조) 이 배의 파선으로 그 섬에 왕 일행과 떨어져 밀려온 안토니오의 아들 퍼디난도는 프로스페

<『템페스트』 1막 1장 폭풍우 속 배의 난파 장면> 영국 화가, 조지 롬니(1734~1802년) (부록, 도판 19 참조) 그림(1797년).

로의 딸 미란다를 만나 사랑하게 된다. 우여곡절 끝에 프로스페로는 안토니오를 용서하고, 그 젊은이들의 결혼을 축하해 준다. 그리고 자신이 가진 마법의 힘을 스스로 없애 버리기 위해 가지고 있던 마법책을 바다에 던져 버린다.

64세로 타계한 셰익스피어가 『템페스트』를 출판한 때는 58세 되던 해였다. 이 희곡은 그의 은퇴 전 사실상 마지막 작품에 해당한다고 한다. 이 희곡은 주인공들의 이름에서도 짐작할 수 있듯이, '관용과 용서와 사랑'을 보여 주는 작품이다. 프로스페로 곧, Prospero는 '번영한다'는 뜻의 prosperous이고, 미란다 곧, Miranda는 miracle (기적) 혹은 mirandus (=wonderful)을 떠올리게 할 정도로, "선은 악과의 투쟁에서 승리하고, 복수와 처벌 대신 관용과 용서가 있으며, 절망과 암흑 대신 희망과 빛"을 보여 주는 작품이다.[67]

1802년, 베토벤이 난청의 괴로움 때문에 하일리겐슈타트 유서(이 책, 6장 참조)를 작성하고 죽기를 결심하지만, 초인적인 의지로 다시 활동을 시작한다. 작품번호 31의 세 피아노 소나타들은 바로 그 당시인 1803년에 작곡된 곡들이다. 작품 번호 31-1은 <16번 사장조>이다. <17번 라단조>는 작품번호 31-2라고 되어 있지만, 사실상은 세 작품 중 가장 먼저 써진 소나타라고 한다. 작품번호 31-3의 <18번 내림마장조> 소나타에 비해서는 다소 비극적인 분위기가 난다.

67 윌리엄 셰익스피어, 『템페스트』(이경식 옮김, 문학동네, 2009년), 권말 해설 참조.

이 소나타는, 역동적이고 아름다운 선율 덕분에 3악장 (알레그레토((Allegretto; 조금 빠르게), 라단조, 3/8 박자)이 제일 유명하다. 더구나 조용히 마무리되는 종결 부분이 난청으로 절망에 빠져있던 베토벤이 마음의 평안과 함께 새로운 희망을 찾는 것 같은 느낌을 준다. 아마도 이런 점 때문에, 『템페스트』를 통해 셰익스피어가 전하고자 한, "절망을 넘어 희망으로"라는 메시지가 <"템페스트" 소나타>를 작곡할 당시, 당시 죽음 직전에서 다시 살아난 베토벤의 가슴속을 울리지 않았을까 하는 생각이 든다.

다음은 <"크로이처" 소나타> 곧, <바이올린 소나타 9번 가장조, 작품번호 47>이다. 앞에서 언급한 <코리올란 서곡, 작품번호 62>, <에그몬트 서곡, 작품번호 84>, 및 <피아노 소나타 17번 라단조, 작품번호 31-2 "템페스트">, 세 곡은 문학가의 작품에 영감을 받아 베토벤이 곡을 쓴 작품이다. 하지만 다음은 베토벤의 <"크로이처" 소나타>는 물론, 이 작품으로부터 영감을 받은 다른 예술 작품에 대한 이야기도 해 보고자 한다.

<"크로이처" 소나타>는 베토벤이 '하일리겐슈타트 유서'를 썼던 즈음에 작곡되었다. 앞에서 언급한 바 있는 <피아노 소나타 21번 다장조, 작품번호 53 "발트슈타인">은 물론이고, <교향곡 3번 내림마장조, 작품번호 55 "영웅">, <피아노 소나타 23번 바단조, 작품번호 57 "열정"> 등이 모두 이 무렵 만들어진 작품들이다.

1803년 5월 24일 초연이 되었고, 출판은 1805년에 이루어졌다. 당대 최고의 바이올리니스트였던 프랑스의 루돌프 크로이처(1766년~1831년; 아래 왼쪽 초상화)에게 헌정하였다 해서 "크로이처"란 이름이 붙었다. 그는 지휘자, 작곡자 및 교사로서도 이름을 날렸다.

처음에는 폴란드 출신의 바이올리니스트인 조지 브리지타워(1778~1860년, 아래 오른쪽 초상화)에게 헌정할 생각을 하고 연주를 부탁했다고 한다. 초연 하루 전에 악보를 받았음에도 불구하고 초연 당일 완벽한 연주로 베토벤을 기쁘게 했다. 그렇지만 연주가 끝나고 뒤풀이 술자리에서 베토벤의 연인을 비난한 바람에 그만 사이가 틀어져 버렸다는 슬픈 일화가 전해지고 있다. 그러다 보니 정작 이 곡이 출판될 때는 브리지타워 대신 크로이처에게 헌정을 했다는 유명한 일화이다.(그렇지만 정작 크로이처는 그 곡이 어렵다고 살아생전 한 번도 연주한 적이 없다고 한다.)

크로이처 프랑스 화가 겸 석판 화가, 에듬 케느데 데 리세(1756~1830년)(부록, 도판 20참조)가 그린 석판화(1809년).

브리지타워 영국 화가, 헨리 에드리지 (아라)(1768~1821년)가 그린 초상화(1709년).

리타 도브

시집 『소나타 물라티카』 표지 W. W. Norton 출판사, 2009년) '위키백과'에서 전재.

<"크로이처" 소나타> 악보 초판본 '위키백과'에서 전재.

미국의 시인이자 수필가인 리타 도브(1952년 ~)는 2009년에 『소나타 물라티카(Sonata Mulattica : A Life in Five Movements and a Short Play)』라는 시집을 발표했다. 흥미롭게도 이 작품집의 내용은 모두 <"크로이처" 소나타>의 원래 헌정 예정자였던 조지 브리지타워의 삶을 소재로 하여 쓴 시들로 되어 있다. 200여 년이 지난 세월, 어느 후대 시인이 <"크로이처" 소나타>의 피헌정자가 뒤바뀐 데 대한 안타까움을 시로 나타내었다고 볼 수 있겠다. 자신의 사후 200년이 넘는 세월 동안 베토벤의 <"브리지타워" 소나타>란 이름으로 자신도 함께 유명해질 수 있었을 텐데, 술자리에서의 말다툼 때문에 그만 다른 사람에게 그 영광을 뺏긴 안타까움을 하늘에서라도 보상을 받았을까? "에휴, 그놈의 술이 웬수였어..."라고 후회하진 않을까 하는 생각이 든다.

<"크로이처" 소나타>는 베토벤의 바이올린 소나타 중에서도 뛰어난 걸작 중 하나이다. 기술적 난이도, 특히 바이올린 연주의 난이도가 높다고 한다. 연주 길이도 비정상적으로 길다(약 40분).

원래 베토벤의 1803년 스케치북에는, 이 작품의 제목이 "협주곡 풍으로 합주되는 피아노와 바이올린을 위한 소나타"라고 적혀져 있었다. 그만큼 피아노와 바이올린이 서로 경쟁적인 상태로 연주를 하게 된다. 사실 이 작품에서의 바이올린은 피아노에 대하여 협주곡에서의 관현악 같은 역할을 하고 있다고 한다.

음악학자들의 분석에 따르면, 이 작품은 서정적인 폭이 넓어, 1악장(아다지오 소스테누토(adagio sostenuto), 가장조-프레스토(presto[68]), 가단조)은 "분노", 2악장(안단테 콘 바리아치오니(andante con variazioni), 바장조)은 "명상적인 느낌", 3악장(피날레(finale), 프레스토(presto), 가장조)은 "즐거움과 풍부한 느낌"을 표현하고 있다고 한다.

레프 톨스토이 '위키백과'에서 전재.

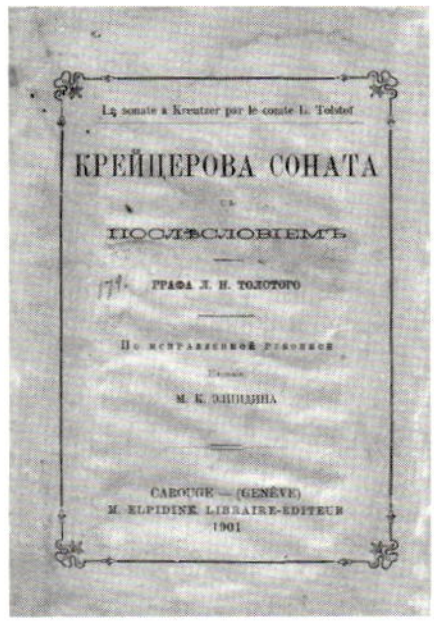

톨스토이의 『크로이처 소나타』 표지 '위키백과'에서 전재.

특히 1악장과 관련하여 러시아의 대문호였던 레프 니콜라예비치 톨스토이(21쪽 각주 10 참조)의 단편소설 『크로이처 소나타』에 대해 언급할 필요가 있겠다. 이 소설은 1889년에 출판되었다. 다양한 무대와 영화 제작으로 각색된 이 작품 덕분에 베토벤의 <"크로이처" 소나타>가 일반 대중에게 더 널리 알려지게 되었을 수도 있겠다는 생각이 든다.

톨스토이의 『크로이처 소나타』는 기차를 타고 가던 '나'와 같은 자리에 앉은 뽀즈드느이셰프 백작이 '나'에게 들려주는 이야기

---

68 아다지오 소스테누토(adagio sostenuto)는 음악 용어로, 느리면서 침착하게 연주하되 음 하나 하나 충분히 눌러 음과 음 사이를 채우듯 무겁게 연주하라는 작곡가의 지시어. 프레스토(presto)는 매우 빠르게, 안단테(andante)는 느리게, 바리아치오니(variazioni)는 변주곡이며, 콘 바리아치오니는, 이 악장은 변주곡 형식으로 연주하라는 뜻이니, andante con variazioni는 '변화를 가미한 안단테'라는 뜻이다. 피날레(finale)는 한 악곡의 마지막에 붙는 악장 곧, 끝 악장을 뜻한다.

로 되어 있다. 그 백작은 아내를 살해한 혐의로 11개월간 옥살이하다 무죄 판결을 받고 고향으로 향하던 길이었다. 살해의 동기는 다름 아닌 질투였다. 신혼여행 때부터 싸우길 시작해 아내가 죽기 직전까지 다툼이 끊이질 않았다. 그러고도 다섯 아이를 둔 부부이다. 어느 날부터 트루하체프스키라는 바이올리니스트가 아내의 바이올린 개인 교사로 백작의 집안을 들락거린다. (소설에는, "트루하체프스키, 그자가 오면서부터 아내는 예전에 그만둔 후 전혀 손도 대지 않았던 피아노에 다시 재미를 붙였습니다." 라고 되어 있다.) 그리고 어느 정도 시일이 지난 후, 자기 집에서 손님들을 모셔놓고 베토벤의 <"크로이처" 소나타>를 함께 연주한다. 백작은 외면적으로는 바이올리니스트의 내방을 늘 환영하지만, 실제는 그들의 불륜 관계를 의심하며 끊임없이 질투심을 가졌다. 그러다 어느 날 출장에서 일찍 돌아왔을 때 그들이 함께 있는 모습을 보고 다툼 끝에 아내를 살해한 것이다. 결혼생활의 허위, 동물적 성욕의 도덕성 문제, 남자의 이기심, 여자의 본분 등, 어떤 면에서는 이해되지 않는 부분도 있지만, 아무튼 톨스토이의 성(性)관념에 대해 알 수 있는 소설이다.

이 소설에서 재미있는 것은 소설의 제목과 관련하여, 특히 23장에 등장하는 장면이다. 그의 아내와 바이올리니스트가 외부 손님들이 모인 자리에서 베토벤의 <"크로이처" 소나타>를 공연하는 장면이다. 이 장면에서 특히 1악장 연주를 듣는, 백작의 심리상태를 자세히 묘사하고 있다. 마치 베토벤의 <"크로이처" 소나타>에 대한 음악 비평가의 비평처럼...

1악장은, 가장조의 중후한 화음으로 시작하지만, 곧 가단조로 전조(轉調)하며 완만한 서주가 끝난다. 바이올린과 피아노의 진정한 2중주이다. 바이올린의 격렬한 움직임과 피아노의 화려한 색채가 잘 어울려 있다.[69]

아내의 본분에 대한 의식과 바이올리니스트에 대한 질투 등, 백작의 마음가짐을 베토벤의 <"크로이처" 소나타>와 연결시키고 있다. 음악학자들은 23장에 등장하는 <"크로이처" 소나타>의 직접 연주 장면뿐만 아니라, 소설 전반에 걸친 줄거리와 또 그 중간중간 등장하는 소리들-기차 바퀴 소리, 기차 내 차창이 흔들리는 소리, 마차 소리 등등-까지도 베토벤의 <"크로이처" 소나타>와 연관을 지어 분석하려고 노력한다.

이 소설에서 베토벤의 <"크로이처" 소나타>와 떼어 놓을 수 없는 관계의 대표적인 예를 보면 다음과 같다. 아내와 그 바이올리니스트는 자기 저택에서의 공연을 위해 자주 만나 연습을 한다. 횟수가 거듭될수록 그의 질투심은 커간다. (그런데도 겉과 속이 다르게 그는 자신의 집에 찾아오는 바이올리니스트를 늘 환영한다! 백작의 체면 때문인지도 모르겠다. 아니면 신사의 품격을 지키기 위해서일까?)

69 독일의 철학자이자 피아니스트, 음악학자였던 테오도르 루트비히 비젠그룬트 아도르노(1903~1969년)는 그의 저서에서, "<"크로이처" 소나타> 1악장은 베토벤이 썼던 곡 가운데 최고로 거대한 내적, 외적 폭을 지니고 있다."고 평가한다. (테오도르 W. 아도르노, 『베토벤, 음악의 철학-단편들과 텍스트』(문병호, 김방현 옮김, 세창출판사, 2014년), 159쪽 참조.

<크로이처 소나타> 프랑스 화가, 르네 프리네(1861~1946년) (부록, 도판 21 참조) 그림 (1901년).

백작은 13번째 연습장면을 회고하며, 같은 자리에 앉은 '나'에게 말한다.[70]

> **"아내가 먼저 첫 화음을 냈죠...이윽고 (그자의) 피아노 소리가 이에 화답했습니다..."**

그리고 14번째 연습장면을 회고하며 말한다.

> **"그자가 먼저 첫 화음을 냈죠...이윽고 (아내의) 피아노 소리가 이에 화답했습니다."**

사실은 14번째 화음이 베토벤의 원래 <"크로이처" 소나타>에 맞는 연주였지만, 아내와 그 바이올리니스트의 연주 자체가 (어느 게 맞는 것인가는 차치하고라도) 질투에 먼 백작의 마음을 마구 흔들고 있다는 방증인 셈이다. 이 소설은 남녀 관계, 결혼 문제 등을 다룬 소설이지만, 제목에 걸맞게 베토벤의 <"크로이처" 소나타>와 직·간접적으로 긴밀하게 관련이 되어 있다. 톨스토이를 읽으며 베토벤의 <"크로이처" 소나타>를 듣는 것도 의미가 있을 것 같다.

---

70 레프 톨스토이, 『크로이처 소나타』 (김경준 옮김, 뿌쉬낀하우스, 2016년) 참조.

<베토벤 "크로이처" 소나타> 이탈리아 화가, 리오넬로 발레스트리에(1874~1958년) (부록, 도판 22 참조) 그림 (1899년).

소설 속 백작의 말이다.

> **"두 사람이 연주했던 곡은 베토벤의 <"크로이처" 소나타>였습니다. 도입부에 나오는 프레스토 부분을 아십니까? 알고 계시냐고요? 아! 정말 끔찍한 소나타입니다. 특히 그 부분이요. 원래 음악이란 거 자체가 끔찍한 거지요. 그게 뭡니까? 이해가 안 갑니다...음악이 뭘 만들어 낼 수 있죠? 음악이 뭔가를 만들어 내어야 한다면 도대체 왜 그런 걸 만들어 내려는 거죠? 흔히들 음악은 정신을 고양시켜 준다고들 합니다만 다 헛소리고 거짓말입니다!..그저 흥분만 돋울 뿐이죠..."**

톨스토이의 『크로이처 소나타』가 워낙 충격적이고 막장 드라마 효과를 내기 때문일까? 프랑스의 화가이자 일러스트레이터였던 르네(프랑수아-자비에) 프리네는 1901년에, 톨스토이의 『크로이처 소나타』에 영감을 받아 106쪽에 보이는 것과 같이, <크로이처 소나타>란 그림을 그렸다. 남편이 없는 동안 베토벤의 <"크로이처" 소나타>를 연습하면서 뜨겁게 사랑을 나누는 불륜 커플의 모습을 그렸다.[71]

71 톨스토이의 『크로이처 소나타』는 이 밖에도 체코의 작곡가 레오시 야나체크(1854~1928년)에게 영감을 주어 <현악 4중주 1번 "톨스토이의 『크로이처 소나타』에 붙여">(1923년)를 탄생시켰고, 러시아의 사실주의 화가 그리고리 그리고리예비치 마소예도프 (1834~1911년)의 그림 <톨스토이의 『크로이처 소나타』를 읽는 사람들>(1889년)을 낳게 하였다. 이와 같이 베토벤의 <"크로이처" 소나타>는 다른 예술가들에게 끊임없는 영감을 주었다.-최은규, 『베토벤』 (북이십일 아르테, 2020년), 163~167쪽 참조.

톨스토이의 『크로이처 소나타』와 베토벤의 <“크로이처” 소나타> 사이에 실제 무슨 관계가 있는지, 제목이 같은 게 우연의 일치인지 등에 대해 문학비평가들과 음악학자들이 연구를 많이 했다고 한다. 이를테면, 엘레나 이사예바는 학술지에 발표한 기고문, ‘톨스토이가 들은 베토벤의 음악, 왜 <“크로이처” 소나타>인가?’는 그 두 작품의 유관성에 대해 깊이 있게 분석하고 있다.[72]

필자가 생각하기엔, 톨스토이의 『크로이처 소나타』와 베토벤의 <“크로이처” 소나타>, 이 두 소나타 간의 상관성에 대해서는 나성인의 언급[73]이 제일 정확할 듯하다. 곧, 톨스토이의 『크로이처 소나타』가 “강제된 여성상으로부터 여성의 해방”을 그린 작품이라면, 베토벤의 <“크로이처” 소나타>는 “반주 악기로부터의 피아노의 해방”이라고 볼 수 있다는 것이다.

베토벤의 <“크로이처” 소나타>와 관련해 이탈리아의 화가이자 조각가였던 리오넬로 발레스트리에가 그린 그림(108~109쪽 참조)도 빼놓을 수 없다. 발레스트리에가 1900년, 파리 세계박람회 전시회에서 금상을 받은 작품이다. 그림을 보면 피아노 위 벽에 걸린 베토벤의 데드마스크가 지켜 보는 가운데 피아니스트와

72 톨스토이, 『크로이처 소나타』 (김경준 옮김, 뿌쉬낀하우스, 2016년), 권말 부록 참조.

73 《풍월한담》 3호 <베토벤> (풍월당, 2020년), 128쪽에서 전재.

74 이장직, 『음악을 보고 그림을 듣다』 (경북대학교출판부, 2021년), 241쪽 참조.

바이올리니스트가 신들리듯 베토벤의 <"크로이처" 소나타>를 연주하고 있다. 소파에 앉은 사람들은 그 연주에 감동한 듯 얼굴을 감싸쥐고 있거나, 아니면 얼빠진 사람처럼 연주자들과 정반대 방향으로 그림의 관람객 쪽을 바라보고 있다.[74]

이렇게 <"크로이처" 소나타>는 문학과 미술 등 다른 예술 장르들에도 영향을 크게 미쳤다. 이런 융합적인 예술 작품들은, 필자와 같은 융합적 시각을 가진 예술 애호가들을 늘 행복하게 만든다.

74 이장직, 『음악을 보고 그림을 듣다』(경북대학교출판부, 2021년), 241쪽 참조.

6. 하일리겐슈타트 유서

An engineering professor falls for Beethoven,

while walking through books, paintings, and films.

6. 하일리겐슈타트 유서

<하일리겐슈타트의 베토벤 하우스> 오스트리아 화가, 게르손 코바치 (1941 ~ 2021년) 그림[75]

자신에게 찾아온 '난청'이라는 음악가에겐 치명적인 질병 앞에 베토벤은 절망했다. 죽음을 생각할 수밖에 없을 정도로 좌절했다. 1802년 10월 6일, 자신이 거주하던 하일리겐슈타트에서 유서를 작성했다. 하일리겐슈타트는 빈에서 조금 떨어져 있는 조그만 교외 마을이다.

유서를 작성하기 얼마 전인 1801년 6월 29일, 베토벤은 친구이자 의사인 프란츠 베겔러에게 이런 편지를 써 보낸다.[76]

> **"…3년 전부터 …청각이 조금씩 약해졌어…극장에 가면, 오케스트라 바로 옆에 앉아야 배우들이 뭐라고 하는지 겨우 알 수 있다네…소리는 잘 들리지만 말이 잘 안 들려…난 내 존재와 조물주를 저주한 적이 많았다네…"**

---

75 《풍월한담》 3호 <베토벤> (풍월당, 2020년), 128쪽도 참조.

76 로맹 롤랑, 『베토벤의 생애-서른 살 베토벤의 초상』 (임희근 옮김, 포노, 2020년) 참조. 베토벤은 베겔러뿐만 아니라 1800년 6월 1일 바이올리니스트이자 친구인 칼 아멘다(1771-1836년)에게도 귀가 먹어간다는 사실을 털어놓았다.-최은규, 『베토벤』 (북이십일 아르테, 2020년) 참조.

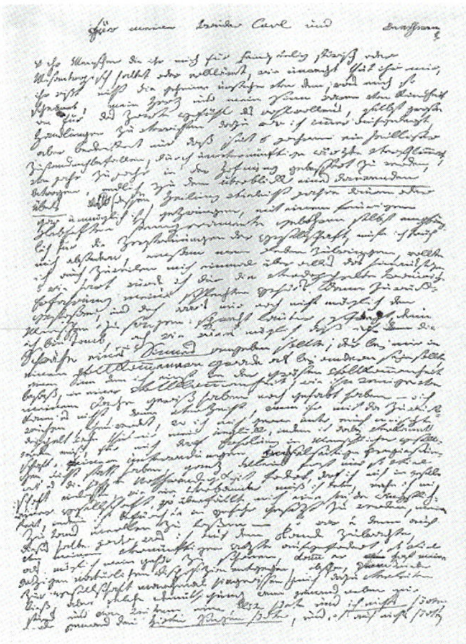

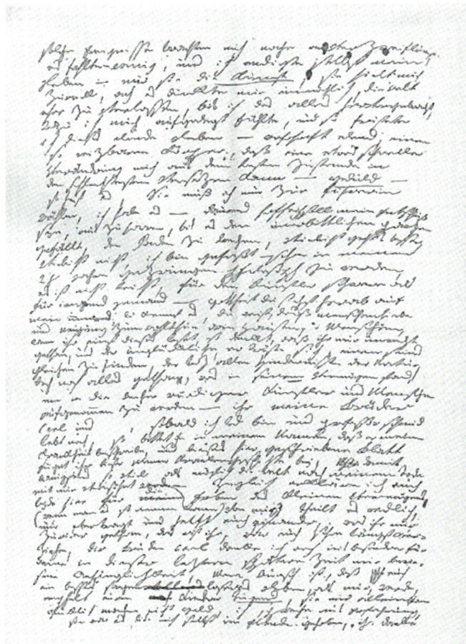

하일리겐슈타트 유서 'Wikisource, https://de.wikisource.org/wiki/Heiligenst%C3%A4dter_Testament'에서 전재.

그만큼 괴로웠던 것이다. 이 유서는, 두 동생 카스파 안톤 카를(1774~1815년)과 니콜라우스 요한(1776~1848년)에게 각각 쓴 편지로서 베토벤의 사망 후 1827년 3월에 베토벤의 비서였던 안톤 쉰들러와 친구였던 슈테판 폰 브로이닝(1774~1827년)에 의해 발견되어 그해 10월에 공개되었다.[77] 현재는 함부르크의 울덴브루크 대학교에 보관되어 있다고 한다. 특히 슈테판 폰 브로이닝은 베토벤이 살아생전에도 숙소 및 음식이나 일 등 여러 면에서 베토벤을 많이 도와주었다고 한다. 특히 누나인 엘레오노레 폰 브로이닝은 베토벤의 소년 시절 첫사랑이자, 평생 친구인 베겔

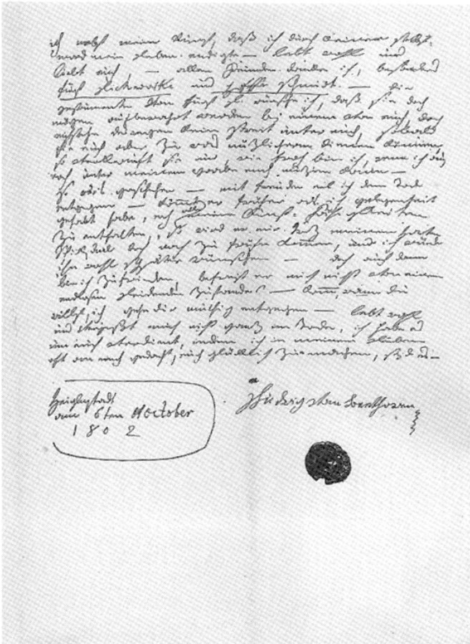

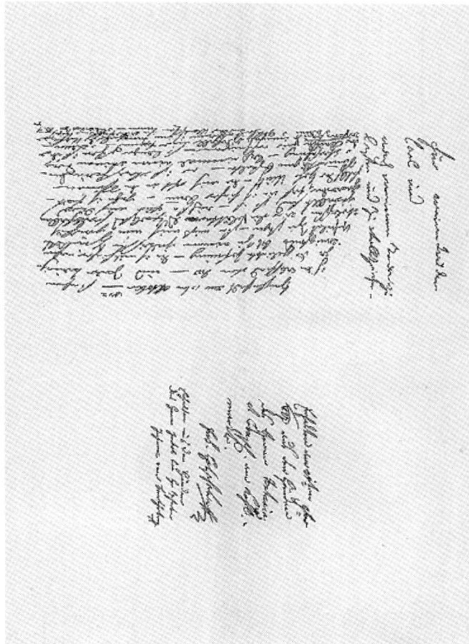

러의 부인이기도 하다.

이렇게 유서까지 작성해 놓고 다시 삶의 끈을 잡은 건 그의 예술혼의 위대함 덕분이다. 그는 유서를 쓰기 전후로도 주옥같은 작품들을 발표했다.

---

77 '위키백과' 참조.

베토벤은 유서를 쓴 한 달 후인, 그해 11월 16일 베겔러에게 보낸 편지에 이렇게 썼다.[78]

"운명의 아가리를 확 틀어쥐고 싶다…. 내가 자살로 생을 마감하지 않은 것은 미덕과 내 예술 덕분이다."

슈테판 폰 브로이닝 작가 미상(1827년), 'WIKIPEDIA'에서 전재.

아래 왼쪽 그림은 요한 네포무크 멜첼[79]이 1813년에 제작한 베토벤의 보청기이다. 현재 독일 본에 있는 베토벤 하우스(베토벤이 태어난 곳을 박물관으로 개조해

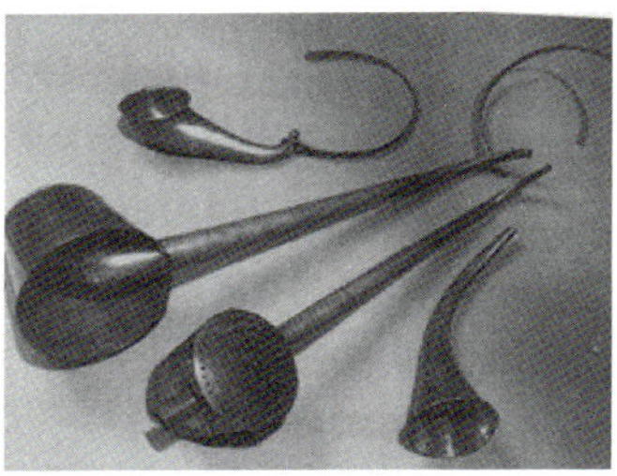

▲ 요한 네포무크 멜첼이 만든 1813년 베토벤의 보청기 얀 카이에르스 저서, 272쪽에서 전재.

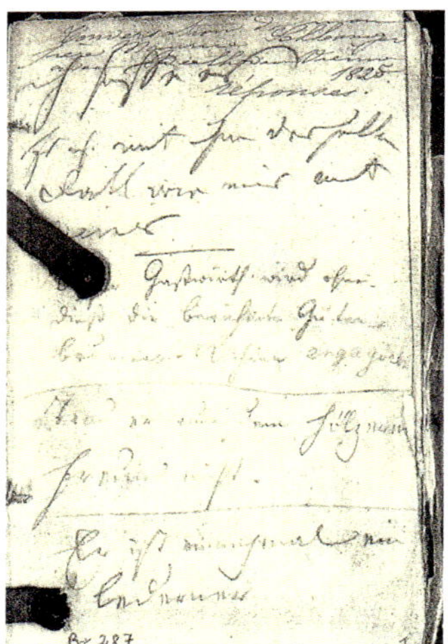

▶ 베토벤의 대담 수첩(1825년 9월 9일) 베토벤 전문 음악학자, 시어도어 알브레히트 (1945년~) 교수 (미국 켄트 주립대학교)의 강의자료에서 발췌하여 전재, 얀 카이에르스 저서, 274쪽도 참조.

사용하고 있다.)에 전시되어 있다. 베토벤의 왼쪽 귀에 사용할 목적으로 멜첼이 제작한 그 보청기는 베토벤의 사용 용도(가령, 큰 홀에서의 연주회, 작은 홀에서의 연주회, 집에서 혼자 피아노를 칠 때, 대화할 때 등)에 따라 다른 크기와 끝 모양 (나팔 모양, 컵 모양 등)으로 제작되었다고 한다. 1818년부터는 그 보청기로도 대화가 힘들어 대화 수첩이나 석판을 이용해 필담으로 대화를 나누었다. 오른쪽 그림은 1825년 9월 9일, 필담으로 나눈 베토벤의 대화 수첩 사진이다. 역시 베토벤 하우스에 전시되어 있다. 그가 청력이 약화된 원인에 대해서는 많은 연구가 이뤄졌다. 150권이 넘는 책이 발행될 정도이다. 그의 유전적 질병에 의한 것일 수도 있고 발진티푸스[80]를 그 원인으로 꼽는 연구 결과도 있다. 더 자세한 내용은 얀 카이에르스의 저서[81]와 조수철의 저서[82] 등 여러 책에서 언급되고 있다.

---

78 로맹 롤랑, 『베토벤의 생애-서른 살 베토벤의 초상』 (임희근 옮김, 포노, 2020년) 참조.

79 독일 발명가이자 엔지니어였던 요한 네포무크 멜첼(1772~1838년)은 1812년 네덜란드의 빈켈이 발명한 메트로놈을 1816년 개량해서 특허를 받았다고 한다. 친구였던 베토벤을 위해, 귀가 들리지 않는 친구들을 위한 단순한 템포 측정기를 지금과 같은 박자 측정기로 개량했다. 베토벤은 이 메트로놈의 발명에 매우 기뻐하면서 자신의 작품에 메트로놈 속도 지시를 넣기도 했다고 한다. 민은기, 주대창의 저서 (『베토벤-고난을 딛고 환희로 나아가라』 (북이십일 21세기 북스, 2016년)에 따르면, 멜첼은 보청기 이외에도 판하르모니콘(Panharmonicon)이라는 오케스트라용 기계도 발명했는데 베토벤은 이 기계를 이용하여 일명 <“전쟁” 교향곡>으로도 불리는 <웰링턴의 승리, 작품 번호 91>을 작곡했다고 한다.

80 티푸스(typhus) 또는 발진티푸스(typhus fever)는 한냉지역의 이가 많은 비위생적인 환경에 사는 사람들 사이에서 발생하는 병이다.

81 얀 카이에르스, 『베토벤』 (홍은정 옮김, 도서출판 길, 2018년), 269~285쪽 참조.

82 조수철, 『베토벤의 삶과 음악 세계』 (서울대학교출판문화원, 2016년)을 참조 (특히 제4장, 질병론).

1802년 한 해만 해도, <피아노 소나타 14번 올림다단조, 작품번호 27 "월광">, <피아노 소나타 17번 라단조, 작품번호 31-2 "템페스트">, <바이올린 소나타 가장조, 작품번호 47 "크로이처"> 등을 발표하고 1803년엔 <바이올린 소나타 다단조, 작품번호 30>, <교향곡 2번 라장조, 작품번호 36> 등을 작곡한다.[83]

하일리겐슈타트 유서를 작성하기 전후 베토벤의 모습을 보자. 유서를 쓰기 전 젊은 시절만 해도 싱싱한 젊은이의 얼굴이 보이는데 유서를 작성한 후인 1803~1804년의 베토벤의 모습엔 싱싱한 젊은이의 모습 대신 불굴의 의지로 새로 태어난 당찬 중년풍의 베토벤이 느껴지는 것 같다.

스물예닐곱 살 풋풋한 나이 (1798~1799년 사이)에 발표한 <피아노 소나타 8번 다단조, 작품번호 13 "비창">을 쓸 때 이미, "아, 내 귀가 좀 이상한데..."하고 느꼈다고 한다. 그 때문일까? 운명을 헤쳐나가는 베토벤이었지만, 이 곡을 들으면 어딘지 슬픈 마음이 든다. 원래 베토벤 자신이 '그란데 소나타 파티크(Grande Sonata Pathique)'[84]란 표제를 붙인 곡이다. 여기서 '파티크(Pathique)'란 '비장함' 곧, '슬픔을 누른다(마음을 억눌러 씩씩함을 느낄 정도로).'란 뜻인데 일본어로 번역되면서 '비창'으로 오역된 게 우리나라에서도 그대로 사용된다고 한다.

레프 톨스토이의 첫 작품이자 자전적 소설인 『유년시절 소년시절 청년 시절』을 보면, 주인공 니꼴렌까가 엄마를 회상하면서,

젊은 시절의 베토벤 독일의 판화 제작자, 카를 트라우곳 리델(1769~1832년)이 그린 초상화.

1803년(33세)의 베토벤 덴마크의 미니어처 및 파스텔 화가, 크리스티안 오르네만(1765~1844년)(부록, 도판 23 참조)이 그린 초상화.

1804년(34세)의 베토벤 독일 화가, 요제프 빌리브로르드 멜러(1778 ~1860년)가 그린 초상화.

---

83 베토벤이 1802~1808년 사이에 작곡한 피아노 소나타들은 하일리겐슈타트 유서 이후 그가 절망에서 벗어나 새로운 삶의 의지로 만든 곡들이다. 이 시기는 마치 베토벤의 삶이 한 편의 대하드라마를 보는 듯하기에, "드라마적 소나타 시기"라 불리기도 한다.-민은기, 주대창 『베토벤-고난을 딛고 환희로 나아가라』(북이십일 21세기 북스, 2016년), 222~235쪽 참조.-최은규, 『베토벤』(북이십일 아르테, 2020년), 172쪽도 참조.

고 서 있는 장면이 등장한다. <"비창" 소나타>의 선율에서 친구 약혼녀를 향한 사랑과 이별에 마음 아파하는 준하의 모습이 오버랩된다.[88]

<"비창" 소나타>는 그 비장한 선율 때문일까? 그밖의 다른 영화들의 배경음악으로도 많이 사용되었다. 이를테면, <전함 테메레르의 마지막 항해>(1838년)등을 그린, 영국 낭만주의 회화의 거장 조지프 말로드 윌리엄 터너(1775~1851년)(부록, 도판 24 참조)의 전기를 다룬 영화 <미스터 터너>에도 등장한다. 영화 초반에 터너가 감상에 젖는 장면에 등장한다. 화가의 고독한 운명을 암시하는 듯하다. 2014년에 개봉된 이 영국 영화는 마이크 리(1943년~)가 감독을 맡았으며, 티모시 스폴(1957년~)이 터너 역을 맡았다. 터너는 일생 동안 풍경화를 그렸으며, 특히 빛의 묘사에서 획기적인 표현을 남긴 화가로 잘 알려져 있다. 제자나 후계자가 없는 화가로서 고독한 성격을 가졌던 것으로 알려져 있다.[89]

영화 <미스터 터너> 포스터

88 최영옥, 『영화가 사랑한 클래식』(다연, 2016년) 참조. <클래식> 영화엔 독일의 바로크 시절 작곡가인 요한 파헬벨(1653~1706년)의 <세 대의 바이올린과 통주저음을 위한 카논과 지그 라장조>(곧, <캐논과 지그 라장조>)도 멋진 O.S.T.로 등장한다.

89 '위키백과' 참조; 한창호, "거장을 휘감은 베토벤의 고독", 《주간동아》 2015년 4월 20일자 기사 참조.

7. 고통을 통해 환희로

An engineering professor falls for Beethoven,
while walking through books, paintings, and films.

7. 고통을 통해 환희로

7.1. 에라르와 발트슈타인

1815년 10월 10일, 베토벤은 앞서 언급한 바 있는 에르되디 백작부인에게, 이제부터 자신의 삶은 "고통을 통해 환희로(Durch Leiden Freude)" 이어질 것이라는 내용의 편지를 썼다.[90]

사실 하일리겐슈타트 유서를 쓸 정도로 난청 때문에 괴로워했던 베토벤이었지만, 그가 음악의 성인으로 우뚝 서게 된 데는 여러 가지 이유를 들 수 있을 것이다. 그중에서도 대표적으로는 다음 세 가지 이유를 들 수 있다. 첫 번째로 그의 천재성 때문임은 물론이다. 또한, 육체적 고통에도 불구하고 불굴의 의지로 신체적 고난을 이겨낸 그의 불멸의 정신력이 두 번째 이유일 것이다. 여기에 한 가지 덧붙이자면, 그가 하일리겐슈타트 유서를 쓸 당시 프랑스의 악기 제조자 세바스티앙 에라르(1752~1831년)에 의한 피아노의 "이중 이탈 장치"의 발명이 세 번째 이유일 것이다.[91]

90 로맹 롤랑, 『베토벤의 생애-서른 살 베토벤의 초상』 (임희근 옮김, 포노, 2020년) 참조.

91 에라르의 피아노뿐만 아니라, 약해져 가는 청력을 보완하기 위해 베토벤은 자신의 음악을 위한 최고 수준의 피아노를 찾는 노력도 게을리하지 않았다. 더 자세한 내용을 알려면, 얀 카이에르스, 『베토벤』 (홍은정 옮김, 도서출판 길, 2018년), 386~400쪽을 참조하면 좋을 것이다.

세바스티앙 에라르 프랑스 화가, 앙리 포탱(1820~1864년)이 그린 초상화.

이 새로운 건반 기술을 이용하여 음역이 확장되고 특히 페달이 획기적으로 개선된 새로운 피아노가 제작되었다. 베토벤은 피아노를 위한 이 혁신적인 기술을 이용해 뛰어난 피아노 소나타 곡들을 작곡하였다. 1803~1804년에 작곡한 베토벤의 <피아노 소나타 21번 다장조, 작품번호 53>부터 1816년 작곡한 <피아노 소나타 28번 가장조, 작품번호 101>까지 작품들이 모두 에라르의 새로운 피아노 건반 덕분에 더욱 화려한 기교로 연주할 수 있게 작곡된 곡들이다. 아래 사진은 에라르 기술이 적용되기 전에 사용하던 18세기 후반 빈식 업라이트 피아노와 베토벤이 1803년에 에라르 기술이 적용되어 사용하던 피아노를 비교한 것이다.

18세기 후반 빈식 피아노 코브 컬렉션 트러스트 소장.

베토벤의 1803년 피아노 린츠 오버외스터라이히 주립박물관 소장.[92]

특히 에라르의 새로운 건반이 적용된 피아노를 위해 1804년 작곡된 <피아노 소나타 21번 다장조, 작품번호 53>은 앞서 언급한 바 있는 발트슈타인 백작에게 헌정이 되어 "발트슈타인"이란 별명을 갖고 있는 소나타이다.

이 곡은 특히 <전장의 피아니스트>란 영화의 마지막 장면에 주인공 피아니스트가 총탄이 날아다니는 가운데 연주하는 곡으로 삽입되어 감동을 주었다.

<전장의 피아니스트>는 2014~2017년, 세상을 떠들썩하게 했던 IS(이슬람국가)에 의해 벌어졌던 시리아 내전을 배경으로 한 영화이다. 몇몇 국제영화제 수상작이기도 하고 우리나라에선 2021년, 전주국제영화제에서 상영되기도 했다. IS가 지배하면서 음악마저 금지되었던 현실이었다. 시리아의 세카 마을에 살던 피아니스트 카림(타렉 야쿱 분)은, 자신이 아끼던 피아노를 팔아 오스트리아 빈으로 가서 맘껏 연주하고 싶어 한다.

하지만 집에 숨어서 몰래 치던 피아노 연주가 극단주의 무장세력에 의해 발각되자, 그들은 피아노 건반을 총기 난사로 부셔 버린다. <전장의 피아니스트>의 원래 영어 제목이 'Broken Keys' 곧, '부서진 건반'인 까닭이다. 목숨마저 위태해질 수도

92 전상헌, <베토벤 시대의 피아노와 "발트슈타인" 소나타>, 《풍월한담》 3호 <베토벤> (풍월당, 2020년), 87, 93쪽에서 전재.

영화 <전장의 피아니스트> 포스터

있는 상황에서 무장 군의 총격 등으로 폐허가 된 건물들 앞 길바닥에 놓인 피아노로 베토벤의 <피아노 소나타 21번 다장조, 작품번호 53 "발트슈타인">을 연주하는 엔딩 장면은 아주 감동적이다. 음악의 힘을 보여준다. 목숨을 건 이 연주는, 마을 주민들로 이루어진 저항군이 무장세력들을 쫓아내는 데 큰 역할을 한다.

1804년은 이미 난청으로 신체적 고난을 겪고 있던 상황이었지만 새로운 열정으로 <교향곡 3번 내림마장조, 작품번호 55 "영웅">을 쓰던 시절이었다.[93] 당시 새롭게 등장한 에라르의 피아노 덕분에 <"발트슈타인" 소나타>는 기존의 피아노곡과 다른 획기적인 음악적 효과를 가진다는 점에서 음악사적으로도 유명하다고 한다. 그런 점을 생각하면 레바논 출신의 미국인 감독, 지미 케이루즈와 그 영화의 음악 감독인 레바논 태생의 프랑스 작곡가 가브리엘 야레드(1949년 ~)가 왜 전장의 한 가운데에서

---

93 이 곡은 원래 나폴레옹 보나파르트에게 헌정하는 것을 의도로 했던, 베토벤의 가장 유명한 작품들 중 하나이다. 1804년 초 악보를 완성했을 때 그는 표지에 "Buonaparte (보나파르트)"라고 썼다. 하지만 나폴레옹이 프랑스 황제의 자리에 오르자 베토벤은 분노를 참지 못하고 악보 제목을 지웠다는 일화가 전해진다. 2015년에 개봉된 크리스토프 맥쿼리 감독(1968년 ~)의 영화 <미션 임파서블>의 여섯 번째 시리즈인 <로그네이션>에도 이 곡의 1악장이 잠깐 등장한다. (김태용, 『영화관에 간 클래식』 (페이스메이커, 2019년) 참조).

연주되는 음악으로, 더구나 엔딩 음악으로 <"발트슈타인" 소나타>를 선정했는지 어느 정도는 이해가 될 듯하다.

참고로, 이 영화에서는 <"발트슈타인" 소나타> 뿐만 아니라 귀에 익은 슈만의 <어린이 정경, 작품번호 15> 중 7번 곡 <트로이메라이>, 쇼팽의 <24개의 전주곡, 작품번호 28> 중 15번 <"빗방울" 전주곡>, 베토벤의 <교향곡 9번 라단조, 작품번호 125 "합창"> 중 4악장의 합창곡 <환희의 송가> 등도 감상할 수 있다.

7.2. 자연의 원초적 힘

베토벤은 말년에 완전히 귀가 먹기 전까지도 이런저런 질병에 시달렸다. 특히 그의 인생 후기로 오면서는 본격적으로 여러 질병에 시달렸다. 46세 이전엔 이런저런 유전적 질환에다 약시였고 매독까지 걸렸으며 장염 등으로 고생한 적도 있었다. 46세인 1816년 이후엔 차례로 난청에 덧붙여 거의 해마다, 카타르 염증(1816년), 폐결핵(1817년), 급성 류머티즘(1820~1821년), 황달(1821년), 결막염 (1823년), 이런 질병들로 고생하였다. 그 질병의 원인엔 물론 건강을 돌보지 않고 예술혼을 불태우는 그의 집념에도 무관하지 않지만, 근본적으로 원인을 따져 들어가면 모든 질병이 결국 유전적 질환에 비롯된다고 보지 않을 수 없는 점이 있다. 그의 죽음의 원인으로 납중독 설과 매독 설 등이 제기된 바 있지만, 1970년 발견된 부검 보고서에 따라 현재에는 간경변증 곧, 간경화증으로 사망한 것으로 받아들여지고 있다. 133쪽 사진은 베토벤의 모발이다.

베토벤이 46세 되던 1816년부터 완전히 귀가 먹게 되면서, 그야말로 뛰어난 정신력으로 귀가 아닌 마음으로 곡을 쓰게 되었다. 그가 작곡한 <피아노 소나타 28번 가장조, 작품번호 101>부터 시작해 그의 곡 스타일도 변화가 일어나기 시작했다. 그가 쓴 <피아노 소나타> 28번부터 32번 <다단조, 작품 번호 111> 작품들을 특히 '후기 소나타'라고 부르기도 한다. 특히 29번을 '함머클라비어' 소나타라 부른다.[94] 1816년부터 1821년까지 5년간 <

베토벤의 모발 <데일리포스터> 2023년 3월 24일자(https://m.post.naver.com/viewer/postView.naver?volumeNo=35675108&memberNo=16485321)에서 전재.

피아노 소나타 28번 가장조, 작품번호 101>, <피아노 소나타 29번 내림나장조, 작품번호 106 “함머클라비어”>, <피아노 소나타 30번 마장조, 작품번호 109> 등 몇몇 피아노 소나타 작품을 발

---

94 클라비어(klavier) 혹은 클라비코드(clavicord)는 피아노가 발명되기 전의 건반 악기였다. 현을 튀겨서 소리를 내었다고 한다. 지금의 피아노에 해당하는 하프시코드(hapsicord)는 망치(hammer)를 두드리는 방식으로 만들어진 악기인데 베토벤은 하프시코드란 말보다는 망치가 있는 클라비어란 뜻으로 ‘함머클라비어’라는 말을 더 좋아했다고 한다.-박홍규, 『베토벤 평전-갈등의 삶, 초월의 예술』(가산출판사, 2003년), 259쪽 참조. ‘위키백과’에 따르면, 18세기 때 사용된 대표적인 클라비어 곡으로는 바흐의 <평균율 클라비어곡집, BWV 846~893>이 있다. 이 바흐의 곡은 ‘음악의 구약성경’으로 비유될 정도로 음악사적 가치가 높은 곡이라고 한다. 반면, 베토벤의 32개 피아노 소나타는 ‘신약성경’으로 비유되기도 한다.

95 《풍월한담》 3호 <베토벤> (풍월당, 2020년), 54쪽 참조.

빌헬름 리하르트 바그너 독일 화가 겸 석판화가, 프란츠 세라프 한프스타엔글(1804~1877년) (부록, 도판 3 참조)이 그린 초상화(1871년).

표하나, 건강 문제와 조카 카를의 양육권 소송 등 가정 문제로 거의 작곡 활동을 하지 못한다. 1817년 이후 완전히 귀가 먹어, 앞에서도 언급하였듯이 필담으로밖에 대화할 수 없었다.[95]

베토벤은 난청과 갖가지 질병에도 불구하고 그야말로 초인적인 노력으로 작곡 활동을 계속하였다. 49세이던 1819년 2월 1일 그가 남긴 메모에는 **"훌륭하게, 고귀하게 행동하는 사람이라면 누구든지 그 힘으로 어떤 불행도 견뎌낼 수 있음을 나는 입증하고 싶다."**고 되어 있을 정도로 의지를 굳건히 했다. 쉰들러는 이런 그를 두고, **"베토벤은 내게 자연에 대한 지식을 가르쳐 주었고, … 그를 기쁘게 한 것은 자연의 이치가 아니라 자연의 원초적 힘이었다."**고 말했다.[96]

귀가 먹어가면서 더욱 자연과 벗한 베토벤은 작품 속에서 자유로운 그 '원초적 힘'을 유감없이 드러낸다. 135쪽 와이어스의 그림에서 볼 수 있듯이, 자연은 베토벤에게 끊임없이 삶의 의지뿐

96 로맹 롤랑, 『베토벤의 생애-서른 살 베토벤의 초상』 (임희근 옮김, 포노, 2020년) 참조.

97 마르틴 게크, 『베토벤-사유와 열정의 오선지에 우주를 그리다』 (마성일 옮김, 북캠퍼스, 2020년), 97쪽 참조.

만 아니라 근원적인 힘을 제공해 주었다. 자연 속을 거닐면서 들려오는 자연의 소리를, 귀가 아닌 마음으로 음미하였다. 1815년 베토벤이 스케치북에 써 놓은 글에는 이런 대목이 등장한다.[97]

"전능하신 자여! 숲속에서 저는 기쁨으로 가득 차 행복합니다. 모든 나무가 당신을 통해 말합니다. 오! 신이시여! 얼마나 장엄한지! 이 숲의 높은 곳에는 안식이 있습니다. 당신을 섬기는 안식이!"

<베토벤과 자연> 미국 화가, 뉴웰 컨버스 와이어스(1882~1945년)(부록, 도판 25 참조) 그림(1919년).

그래서일까? 그의 작품 속에는 자주 자연의 소리가 묻어난다. 시냇물 소리, 폭풍우 소리는 물론 나이팅게일, 메추라기, 뻐꾸기의 울음소리가 들려 오는 <교향곡 6번 바장조, 작품번호 68 "전원">(1808년 작곡)은 가장 잘 알려진 예이다.[98] 뿐만 아니라 1809년경 발표된 <피아노 소나타 25번 사장조, 작품번호 79>의 1악장을 듣다 보면 어디선가 우는 뻐꾸기 울음소리가 들리는 듯하다. 귀가 아닌 마음으로 작곡된 베토벤의 자연을 담은 음악은 단순한 자연에 대한 찬미를 넘어, 더욱더 자연으로부터 '원초적 힘'을 끌어올 만큼 숭고한 음악으로 진화한다.

1812년경 작곡된 <교향곡 7번 가장조, 작품번호 92> (1814년 2월 27일 초연)과 <교향곡 8번 바장조, 작품번호 93>이 대표적인 작품들이다. 특히 <교향곡 7번 가장조, 작품번호 92>는, 자신이 "단추를 풀어놓고 쓴" 작품이라고 할 정도로 "솔직하고 자유로운 힘"이 표출된 작품이다. 북부 독일에서는 "술주정뱅이가 쓴 곡"이라 할 정도로 힘이 넘치는 작품이었다.[99] 이에 대해 그를 숭배했던 빌헬름 리하르트 바그너는 다음과 같이 말했다.[100]

"세상의 어떤 예술도 <교향곡 8번>과 함께 이 <교향곡 7번>만큼 밝은 작품을 창조하지 못했다…이 훌륭한 작품들은 신의 계시

---

98 나이팅게일은 플루트, 메추라기는 오보에, 뻐꾸기는 클라리넷 등으로 표현했다.

99 로맹 롤랑, 『베토벤의 생애-서른 살 베토벤의 초상』 (임희근 옮김, 포노, 2020년) 참조.

100 리하르트 바그너, 『베토벤 순례』 (홍은정 옮김, 포노, 2021년).

라는 가장 깊은 의미의 참회와 회한을 설파한다...여기서 적용할 수 있는 유일한 미적 개념은 숭고함이다."

영화 <킹스 스피치>포스터

2011년에 개봉된 <킹스 스피치>란 영화는 "숭고한" 힘을 가진 <교향곡 7번>을 가장 효과적으로 배경음악으로 사용한 영화가 아닐까 한다. 제2차 세계 대전이 발발했을 때 내성적인 영국 국왕 조지 6세가 말더듬이를 견뎌내고 군중들에게 라디오 연설하는 장면에 등장한다. 조지 6세(1895~1952년)는, 형인 에드워드 8세(1894~1972년)가 미국 출신의 이혼녀인 심프슨 부인(1896~1986년)과의 결혼으로 왕위 계승을 포기하자, 얼떨결에 왕위를 이어받은 인물이다. 이 영화에서 조지 6세(콜린 퍼스(1960년~) 분)는 말더듬이라 라디오 연설을 회피한 왕이었지만, 오스트렐리아 출신의 언어 치료사인 라이오넬 조지 로그(1880~1953년)(제프리 로이 러시(1951년~) 분)의 가르침에 힘입어 제2차 세계 대전에 영국의 참전을 결정하는 대국민 연설을 감동적으로 하게 된다. 이때 흐르는 배경음악이 바로 <교향곡 7번>의 2악장이다.[101] 이 영화는 라이오넬의 손자가 쓴 같은 제목의 책을 원작으로 하

---

101 이 곡은 그밖에도 <더 폴: 오디어스와 환상의 문>(2006년), <맨 프롬 어스>(2007년), <노잉>(2009년), <누구의 딸도 아닌 해원>(2012년), <엑스맨: 아포칼립스>(2016년), <더 킹>(2016년) 등에도 삽입되었다.-김태용, 『영화관에 간 클래식』(페이스메이커, 2019년) 참조.

였다. 이 영화는 제83회 아카데미 작품상, 감독상, 남우주연상, 각본상 등 주요 상을 휩쓸었다. 조지 6세가 연설을 마치고 가족들과 함께 국민 앞에 섰을 때, 역시 베토벤의 음악이 흐른다. <피아노 협주곡 7번 내림마장조, 작품번호 30 "황제"> 2악장이다.

이 밖에 이 영화에는 베토벤 음악 말고도 모차르트의 곡도 등장한다. 라이오넬 로그의 사무실에서 조지 6세가 치료받을 때와 엔딩 크레디트로 모차르트의 <클라리넷 협주곡 가장조, KV622>, 1악장 주제부가 나온다. 또한, 조지 6세가 헤드폰을 끼고 햄릿의 대사를 읽을 때, 헤드폰을 통해 흘러나오는 곡은 모차르트의 오페라 <피가로의 결혼, KV492> 서곡이다.[102]

---

102 김태용, 『영화관에 간 클래식』 (페이스메이커, 2019년) 참조.

7.3. 현악 4중주곡

음악을 문학적으로 표현하자면, 교향곡은 웅장한 대하소설에 해당하는 반면, 현악 4중주곡은 잔잔한 수필로 표현할 수 있다고 한다. 베토벤도 건강이 나빠진 그의 인생 말기에는, 마치 한 편의 에세이를 적어 나가듯이, 간단하게 4개의 악기 편성으로만 연주가 가능한 현악 4중주곡[103]을 주로 작곡한다. 베토벤은 귀가 어둡기 시작하던 1798년부터 <현악 4중주 3번 라장조, 작품번호 18-3)부터 시작해서 <현악 4중주 1번 바장조, 작품번호 18-1), <현악 4중주 2번 사장조, 작품번호 18-2) 순으로 작곡해, 죽기 직전인 1826년에 <현악 4중주 16번 바장조, 작품번호 135>를 마지막 (베토벤은 1827년 3월 26일 사망하며, 이 곡은 그의 사후인 1828년 3월 23일 초연되었다.)으로 18개의 현악 4중주곡을 작곡한다. (1~16번까지 번호가 붙은 작품과 더불어, <현악 4중주 바장조, Hess 34>와 <13번 내림나장조, 작품번호 130>의 마지막 장으로 <현악 4중주를 위한 대푸가 내림나장조, 작품번호 133>를 포함한다.) 보통 1798~1800년 작곡된 1~5번 4중주곡과 1801년 작곡된 <바장조, Hess 34>를 초기 현악 4중주곡, 1806년~1810/1811년에 작곡된 7~11번을 중기 현악 4중주곡, 그리고 1824~1826년 작곡된 12~16번 4중주곡을 후기 4중주곡이라 분류한다.[104]

103 4중주는 네 악기가 함께 연주하는 것을 뜻한다. 바이올린 2대, 비올라, 첼로로 구성된 현악 4중주, 피아노, 바이올린, 비올라, 첼로로 구성된 피아노 4중주 등이 있다.

현악 4중주단 연주 모습[105]

104 베토벤의 마지막 작품은 <현악 4중주 16번 바장조, 작품번호 135>이다. 이 작품 4악장에 '그래야만 하는가? 그래야만 한다. ('Muss Es Sein? Es Muss Sein')이라는 문구가 적혀 있다고 한다. 가정부 급료 때문에 이 문구를 적었다는 설도 있지만, 불굴의 의지로 살아온 자신의 삶 전체를 요약한 게 아닐까 하는 생각이다. 자신의 불행한 운명에 순응하면서도 극복해 내고자 하는 의지를 표현한 게 아닐까 하는 생각이 들게 하기 때문이다-오수현,『스토리 클래식』(백도씨, 2022년) 참조.

105 이 이미지는 https://m.blog.naver.com/opazizi/221579064832에서 전재.

106 이 이미지는 https://m.blog.naver.com/opazizi/221579064832에서 전재.

107 마르틴 게크,『베토벤-사유와 열정의 오선지에 우주를 그리다』(마성일 옮김, 북캠퍼스, 2020년), 157쪽 참조.. 피아노 5중주(piano quintet)는 보통은 피아노와 현(곧, 바이올린 두 대, 비올라와 첼로 각각 한 대)과의 5중주를 말한다. 1796년 작곡된 베토벤의 <피아노 5중주 내림마장조, 작품번호 16>은 현악기 대신 오보에, 클라리넷, 바순, 호른으로 구성된 목관악기와 피아노의 협연으로 되어 있다. 1784년 작곡된 모차르트의 <피아노와 관악기를 위한 5중주 K. 452>에 영감을 받아 작곡했다고 알려져 있다. 베토벤은 1801년에 이 곡을 피아노와 현(바이올린, 비올라, 첼로)을 위한 <피아노 4중주 내림마장조, 작품번호 16b>로 개작하기도 했다.-'위키백과' 참조.

라주모프스키 백작의 저택[106]

라주모프스키 백작 저택에서의 <피아노 5중주 내림마장조, 작품번호 16b> 연주 모습[107]

이 중에서 특히, 1806년에 작곡된 현악 4중주 <7번 바장조, 작품번호 59-1>, <8번 마단조, 작품번호 59-2>, 및 <9번 다장조, 작품번호 59-3>은 각각 <"라주모프스키 1번">, <"라주모프스키 2번">, <"라주모프스키 3번">이란 표제가 붙어 있다. 베토벤이 작곡한 현악 4중주곡, 특히 후기 현악 4중주곡들은 대부분 슈반치히 4중주단(140쪽 그림 참조)에서 연주를 도맡았는데, 라주모프스키 백작이 제2 바이올린을 담당하고 있었다. 슈반치히(1776~1830년)는 제1 바이올리니스트 이름이었다. 자신이 새로 지은 저택의 완공을 축하하는 현악 4중주곡을 작곡해 달라는 라주모프스키 백작의 부탁을 받고 작곡했다고 한다. 하지만 베토벤으로서는 지금까지 귀족의 살롱에서 연주되는 가벼운 음악 대신 교향곡만큼이나 규모가 크고 극적인 곡이 되어야 한다고 생각하고 이 곡을 만들었다고 한다.[108]

그래서일까? 당시 이미 귀가 먹어들어가, 귀로써가 아니라 머리로 작곡을 시작한 때라, 당시의 청중들과 비평가들은 지금까지 자신들이 들어왔던 곡들과는 완전히 다른 뉘앙스의 곡에 놀라움을 금치 못했다. 심지어 연주를 맡은 슈반치히마저, "너무 어렵다."고 말하자 베토벤이 말했다. **"이 곡은 당신들을 위한 곡이 아니라 미래의 청중을 위한 곡이요."**라고.[109] 베토벤의 작곡 노트에는, **"이 세상의 그 무엇이 음악으로 영혼을 표현하는 것을 막을 수 있겠는가?"**라고 적혀 있다. 그만큼 그 당시부터 이미 베토벤의 음악

108 김동찬, <브런치 스토리> (https://brunch.co.kr/@guimms/147) 참조.

은 인간의 음악을 넘어 영혼의 음악, 우주의 음악으로 변화되게 된 것이다. '음악의 성인' 왕관을 머리에 쓸 준비가 착착 되어간 셈이다. 참고로, 러시아의 작곡가, 쇼스타코비치도 그가 작곡한 거의 모든 현악 4중주곡을, 베토벤에 대한 존경심을 담아 러시아에서 활동하던 '베토벤 4중주단'이 도맡아 연주했다.

영화 <터널> 포스터

<터널>은 2016년 개봉된 우리나라 재난 영화이다. 600만 명이 넘는 관객을 끌어모았다. 소재원 (1984년~) 작가의 원작 소설 『터널-우리는 이름 없는 살인자였다』를 각색하였다. 김성훈 감독이 연출하였고 하정우, 배두나, 오달수가 출연하였다. 무너진 터널 안에 홀로 갇힌 한 남자의 생존기와 그를 구출하기 위한 사람들의 이야기를 다루었다. 이 영화에서는 대경(오달수 분)이라는 119 긴급 구조대원도 도움을 주지만, 클래식 전문 라디오 채널이 터널 안에 갇힌 정수(하정우 분)가 외부와 연결된 중요한 통로 역할을 한다. 생존 여부를 알 수 없는 극한 환경에서 유일하게 생환의 희망을 주는 음악으로 등장한 셈이다. 이 영화에선 이 <"라주모프

109 최은규, 『베토벤』 (북이십일 아르테, 2020년), 194쪽 참조. <9번 다장조, 작품번호 59-3>이 <"라주모프스키"> 전곡 가운데에서도 연주 효과가 가장 뛰어나며, 특히 4악장은 전곡 가운데 예술적으로도, 기교적으로도 가장 뛰어난 음악으로 평가되고 있다고 한다.-역시, 최은규의 같은 저서, 196쪽 참조.

스키 1번"> 4중주곡 이외에도 베토벤의 <7중주[110] 내림마장조, 작품번호 20) 1악장도 등장한다.[111] 베토벤이 1792년 빈에서의 체재를 시작한 초기에 탄생한 작품이다. 터널 안에 갇힌 다른 매몰자 미나(남지현 분)를 돌봐 주는 장면에서 이 7중주곡이 라디오에서 들릴 듯 말 듯 들려온다.

그의 <현악 4중주 13번 내림나장조, 작품번호 130>도 또한, 특기할 만하다. 베토벤의 영혼이 담긴 이 곡 또한, 많은 예술가들에게 영감을 불러일으켰다. 특히 고전음악에 조예가 깊었던 올더스 레너드 헉슬리(1894~1963년)는 그의 많은 작품 속에서 고전음악을 등장시켰다. 헉슬리는 20세기 영국 문학을 대표하는 소설가이자 평론가이다. 『연애대위법』, 『멋진 신세계』, 『원숭이와 본질』, 『섬』등의 소설 작품을 남겼다. 『연애대위법』은 헉슬리의 최고 걸작으로 20세기를 대표하는 소설이다. 어떤 관념을 대표하는 인물이 등장하는 소설을 '관념소설'이라고 하는데, 이 소설은 '관념소설'의 대표작으로도 잘 알려져 있다.

이 소설은 작가인 필립 퀄스를 중심으로 이야기가 전개되지만, 딱히 한 사람만 주인공으로 여기기에는 마땅치 않을 정도로

---

110 7중주곡은 클라리넷, 바순, 호른 등 세 가지 관악기와 바이올린, 비올라, 첼로, 콘트라베이스 등 네 가지 현악기로 구성된 기악곡이다.

111 이 <터널> 영화에선 또한, 프랑스 후기 낭만주의 작곡가 모리스 라벨의 <죽은 왕녀를 위한 파반느, M 19> (1899년), 드미트리 쇼스타코비치의 <바이올린 협주곡 1번 가단조, 작품번호 77) (1948년) 등도 등장한다. 더 자세히 알고 싶은 독자들은 김태용, 『영화관에 간 클래식』 (페이스메이커, 2019년)을 참조하면 좋을 것이다.

요한 세바스찬 바흐 독일 화가, 엘리아스 고틀로프 하우스만(1695~ 1774)이 그린 초상화(1746년). 손엔 바흐의 작품<캐논 사장조(Canon Triplex á 6 voc, BWV 1076)>가 들려 있다.

여러 명의 인물이 벌이는 사건들이 마치 음악에서 말하는 대위법적으로 전개된다. 대위법(counterpoint)은, 두 개 이상의 독립적인 선율을 조화롭게 배치하는 작곡 기술이다. 흔히 서양 음악사에서 바로크 시대 이후에 한해 쓰이며 그 전 시대 음악을 논할 때는 다성음악(polyphony)이라 부른다(바흐는 대위법의 대가였다).

이 소설에서 필립 퀄스는 헉슬리의 분신이라 할 수 있다. 이지적인 인물이나 불가능한 소재로 소설을 쓰려고 애쓴다. 아내 엘리너는 냉담한 남편 때문에 고민한다. 또 다른 작가인 월트 비들레이크는 엘리너의 남동생이다. 그는 유부녀인 마아저리와 동거하면서도 젊은 과부 루시 탠터마운트를 쫓아 다닌다. 루시는 과학자 에드워드 텐터마운트와 아내 힐다의 딸이다. 엘리너와 월트의 아버지는 존 비들레이크로 화가이다. 스팬드럴은 무직자로 순정어린 사랑을 갈구하는 친구이다. 화가인 램피언은 프롤레타리아 출신으로 부르주아지[112] 출신의 아내를 얻는다. 지성적인 필립 퀄스가 반지성적인 인물인 램피언과 가까운 관계라는 것도 역설

112 프롤레타리아란 재산이 없는 사람들 곧, 무산자(無産者)로 사회적으로 하위 계급의 일원을 뜻하며, 반면 부르주아지는 유산시민(有産市民) 곧, 자본가 계급을 뜻한다. 부르주아는 부르주아지의 형용사형이다.

적이다. 게다가 독신자들로 《문학세계》란 문학지의 주간인 데시스 버얼렙 (하지만 비어트리스란 정부(情婦)가 있다.), <영국 자유인 연맹>의 수령 에버라아드 웨블리, 공산주의자 일리지 등, 이밖에 등장하는 많은 인물의 이야기를 통해 냉소적이고 회의적인 인생관을 보여 준다. 그럼에도 이 소설은 독자들로 하여금 과연 진실한 행복이란 무엇인가에 대해 되돌아보게 하는 명작이다.

고전음악에 조예가 깊었던 만큼 22장에 등장하는 <필립 퀄스의 노트에서>편은 음악 작곡 기술의 하나인 대위법과 소설 작법에 대한 노트로 되어 있다. 이를테면, 다음과 같은 노트를 볼 수 있다.[113]

> **"소설가를 소설 속에 등장시켜라.…자기가 쓰고 있는 소설의 일부를 작품 속 작가를 통해 말한다면 주제의 변주가 될 수도 있다.…작중 작가의 작품 속에 제2의 작가를 등장시킨다면?…그런 식으로 무한히 계속한다."**

전체 37장으로 구성된 『연애대위법』의 거의 모든 등장인물은 2장에 서술된 음악회에 참석하는 형식으로 소개되고 있다. '필립 퀄스의 노트에서'는 22장뿐만 아니라 26장과 29장에도 등장한다. 필립 퀄스는 수시로 떠오르는 소재나 감상, 계획 따위를 이 '노트'에 적어 둔다.

---

113 올더스 헉슬리, 『연애대위법』 (동서문화사, 2013년).

"몇몇의 인물이 각자의 방식으로 사랑하거나 죽거나 기도하는 모습을 그린다-서로 다른 인물들이 같은 문제를 푸는 것이다. 혹은 거꾸로 유사한 인물들이 다른 문제와 직면한다."

22장에 베토벤을 예로 들면서 나오는 모듈레이션, 바리에이션[114]의 효과에 대해 설명하면서 적혀 있는 문장이다. 실제 이 소설을 읽으면 위에 잠시 언급한 등장인물들 간의 복잡한 연애 관계가 마치 대위법처럼 진행이 된다.

『연애대위법』에도 베토벤의 영혼이 담긴 작품, <현악 4중주 13번 내림나장조, 작품번호 130>이 포함되어 있다. 7악장으로 된 이 곡 중에서 특히 5악장인 카바티나(Cavatina)(아다지오 몰토 에스프레시보(adagio molto espressivo))[115]가 유명하다.

이 작품엔 5악장인 카바티나뿐만 아니라 베토벤의 <현악 4중주 6번 내림나장조, 작품번호 18-6> 1악장, <현악 4중주 4번 다단조, 작품번호 18-4> 스케르초[116], <디아벨리 변주곡 다

114 모듈레이션(modulation)은 '변조'를 뜻한다. 음악에서는 악곡이 진행 중에 계속되던 곡조를 다른 곡조로 바꾸는 것을 의미하는 것으로, 한번 나타난 주제를 반복할 때 어떠한 변화를 주어 연주하는 것을 말한다. 바리에이션(variation)이란 '변주곡'이란 말로, 어떤 주제를 바탕으로 하여 리듬이나 선율, 화성 등에 변형을 주어 만든 악곡을 뜻한다.

115 아다지오 몰토 에스프레시보에서 아다지오는 '느리게' , 몰토는 '매우', 에스프레시보는 '표정을 살려서'란 뜻이니, 아다지오 몰토 에스프레시보는 '충분히 표정을 살려서 느리게'란 뜻으로 된다.

116 스케로초는 해학적이며 빠르고 경쾌한 기악곡을 뜻한다.

장조, 작품번호 120> (73쪽 참조)도 등장한다. 또한, 바흐의 <관현악 모음곡 2번 나단조, BWV 1067> 중 제7곡 "바디네리(Badinerie)"[117]>도 등장한다.[118]

영화 <디어 헌트> 포스터

한편, 영화 <디어 헌트>에 나오는 <카바티나>도 주목할 만하다. <디어 헌터>는 1978년 개봉된 미국 영화로 베트남 전쟁을 소재로 만든 반전 영화이다. 마이클 치미노 감독(1939~2016년), 데릭 워시번 각본이다. 로버트 드 니로가 주연을 맡았다. 제51회 아카데미상과 제44회 뉴욕 비평가협회상 작품상을 수상하였다. 미국 동북부 펜실베이니아주 클레어턴에 살면서 제철소에서 일하는, 우크라이나 이민자들의 후손인 마이클(로버트 드 니로(1943년~) 분), 닉(크리스토퍼 워컨(1943년~) 분), 스티븐(존 새비지(1949년~) 분), 스탠(존 커제일(1936~1978년) 분), 네 친구들의 베트남전[119] 참전 내용이다. 이 영화의 제목처럼 '사슴 사냥(deer hunter)'이 영화의 줄거리

117 바디네리(Badinerie)는 '농담'이란 뜻으로 이 곡의 제7곡은 매혹적인 플루트의 선율을 중심으로 경쾌한 '농담' 같은 느낌이 드는 춤곡이다.

118 이 소설에서는 스팬드럴이 특히 베토벤의 이런 후기 현악 4중주곡에 열광하는 모습이 등장한다. 이를테면, 그가 자살하려고 했을 때도 <현악 4중주 15번 가단조, 작품번호 132>를 틀어놓는다. 헉슬리의 『연애대위법』에서의 좀 더 자세한 베토벤의 음악적인 고찰을 보려면 마르틴 게크, 『베토벤-사유와 열정의 오선지에 우주를 그리다』 (마성일 옮김, 북캠퍼스, 2020년), 5장과 6장을 참조하면 좋을 것이다.

와 관련하여 복선 역할을 한다. 이를테면, 베트남전 참전 전에는 사슴 사냥에 명중하는 총 솜씨가 돋보였는데 참전 후 귀국해서는 총알이 빗겨나간다. 전쟁을 경험한 젊은이들의 정신적 방황을 상징하는 듯하다. 이 영화에 등장하는 애잔한 선율의 <카바티나>는 이 영화의 내용과 잘 어울린다. 영국의 작곡가이자 지휘자인 스텐리 마이어스(1930~1993년)가 작곡한 이 곡은 기타 독주곡으로 편곡되어 클래식 기타리스트들이 즐겨 연주하는 연주곡의 하나가 되었다.

베토벤의 <현악 4중주 13번 내림나장조, 작품번호 130> 곡은 1977년 발사되어 태양계 밖 우주 여행 중인 쌍둥이 우주 탐사선 '보이저' 1-2호[120]에 실린 '골든 레코드'에도 수록되어 있다. '골든

119 베트남 전쟁은 1955년 11월 1일부터 1975년 4월 30일까지 벌어졌던 자본주의 남 베트남과 공산주의 북 베트남 간의 내전이었다. 1964년 8월부터 1973년 3월까지는 미국 등 외국 군대가 개입하여 국제전으로 치러졌으나, 북 베트남의 사이공(지금의 호치민) 함락으로 종전되었다. 1976년 이후부터 베트남 사회주의 공화국이 선포되어 오늘에 이른다. 한국은 1964년 9월부터 1973년 3월까지 베트남 전쟁에 전투 부대를 파병하여 참전하였다.

120 보이저 1호(Voyager 1)는 현재까지 운용 중인 미국 항공우주국(NASA)이 제작한 태양계 무인 행성간 탐사선(interstellar probe)이다. 보이저 계획에 따라 1977년 9월 5일에 발사됐으며, 1979년 3월 5일에 목성을, 그리고 1980년 11월 12일에 토성을 지나가면서 이 행성들과 그 위성들에 관한 많은 자료와 사진을 전송했다. 1989년 본래 임무를 마친 뒤에는 새로이 보이저 프로그램의 일부인 보이저 프로그램(Voyager program)을 수행하고 있다. 보이저 1호는 인간이 만든 물체 중 지구에서 가장 멀리 떨어져 있다. 보이저 1호와 2호는 행성 간 여행을 염두에 두고 설계됐으며, 보이저 1호는 보이저 2호가 발사된 지 얼마 안 된 1977년 9월 5일에 발사됐다. 원래 1호가 먼저 발사되어야 했으나 시스템 문제로 연장되었다. 보이저 2호보다 늦게 발사됐지만, 보이저 1호가 더 빠른 궤도로 움직였기 때문에 2호보다 목성과 토성을 먼저 탐사했다. ('위키백과' 참조)

레코드'는 혹시 우주에 존재할지도 모르는 외계인과의 소통이 필요할 경우 인류의 소리를 대변할 목적으로 다양한 소리가 녹음되어 담겨 있다. 베토벤의 이 곡은 인류를 대표하는 음악의 하나로 그 골든 레코드에 담겨 지금 우주를 여행 중이다. 참고로, 그 골든 레코드엔 이 곡 말고도 역시 베토벤의 <교향곡 5번 다단조, 작품번호 67 "운명"> 1악장과 바흐의 <브란덴부르크 협주곡 2번, BWV 1047> 중 1악장 등, 3곡과 모차르트의 <마술피리 (혹은 '마적'), K. 620> 중 '밤의 여왕' 아리아가 수록되어 있다고 한다.

한편, 앞서 언급하였듯이, <현악 4중주를 위한 대푸가 내림나장조, 작품번호 133>은 <현악 4중주 13번 내림나장조, 작품번호 130>의 마지막 7장으로 1825~1826년에 작곡되어 1826년 3월 21일 초연된 작품이다. 푸가는 "짧은 주제를 각각의 성부가 차례로 모방하는 형식"을 의미하는데, 이 이름과 관련하여 영화 한 편을 소개하고자 한다.

'푸가'는 영화 <마지막 4중주>에 등장하는 현악 4중주단의 이름으로 등장한다. 2012년 개봉된 영화 <마지막 4중주>는 이스라엘계 미국인인 야론 질버만(1966년~)이 감독한 미국 드라마 영화이다. 이 4중주단은 결성 25주년을 앞두고 기념 공연을 준비한다. 그 와중에 4중주단의 리더인 첼리스트인 피터 미첼 (크리스토퍼 워컨(1943년~) 분)이 파킨슨병에 걸리게 된다. 이에 4중주단은 1825~1826년 작곡된 베토벤의 <현악 4중주 14번 올림다단조, 작품번호 131> 곡을 기념 연주곡으로 준비한다. 난이도가 높기로 유명한 곡이지만 첼리스트인 미첼 자신의 마지막 공연을 기념하기 위해서였다. 하지만 그의 발병으로 단원들 간의 갈등이 일어나고 그의 병세도 점점 심해져 간다. 특히, 비올라 주자 줄리엣 겔바트(캐서린 키너(1959년~) 분)의 남편인 제2 바이올리니스트 로버트 겔바트(필립 시모어 호포먼(1967~2014년) 분)와 친구이자 딸의 교습 교사인 제1 바이올리니스트, 대니얼 레너(마크 이바니어(1968년~) 분)의 갈등이 폭발하면서 기념 공연 자체의 무산뿐만 아니라 4중주단이 해체될 위기에 이르게 된다. 그럼에도 다행히 대체 첼리스트를 구해 공연을 준비하게 된다. 이 영화에서 실제 연주를 맡은 4중주단은 브렌타노 4중주단[121]으로 앞에서 언급한 바 있던 안토니 브렌타노의 이름과 직접 관련된 이름이다. 또한, 브렌타노 4중주단의 첼리스트이던 한국계 미국인 니나 마리아 리가 영화에 카메오로 출연해 화제가 되기도 했다.(아래 오른쪽 사진의 아시아계 여성). 이 영화엔 다

영화 <마지막 4중주> 포스터

브렌타노 현악 4중주단

음과 같은 영국의 시인이자 평론가이며 극작가인 토마스 스턴스 엘리엇(1888~1965년)의 시 <4중주>가 등장하기도 한다.

> **"현재의 시간과 과거의 시간은 / 아마 모두 미래의 시간에 존재하고 / 미래의 시간은 과거의 시간에 포함된다."**

이 곡은 보통의 기악곡과는 달리 7개의 악장이 쉼 없이 연주된다. 때문에 더욱 이 영화의 주제 곧, 25주년을 앞둔 '푸가' 4중주단이 주인공 첼리스트에겐 마지막 연주가 되겠지만, 4중주단은 지금까지 달려온 것처럼 앞으로도 쉼 없이 달려가기를 염원하는 뜻에서 그 곡을 선정했을 것이다. 베토벤을 숭배했던 슈베르트는 이 곡을 듣곤 충격에 빠졌다고 한다.[122] 그러면서 **"이제 우리가 쓸 일이 무엇이 남아있을까?"**하는 말을 남겼다고 한다. 뿐만 아니라 슈만도 이 곡을 듣곤 **"어떤 말로도 표현할 수 없이 웅장하다"**고 감탄했다고 한다. 그만큼 음악적 완성도나 기교면에서 출중하였던 것이다. 바그너는 이 곡에서 특히 1악장을 듣고 **"음악에서 표현된 가장 우울한 정조"**라는 평가를 내린 바 있다.

---

121 브렌타노 4중주단은 1992년 미국 줄리어드음대에서 바이올리니스트 마크 스타인버그, 세레나 카닌, 비올리스트 미샤 아모리, 첼리스트 미카엘 칸넨에 의해 창단되어 1994년 2월 뉴욕시에서 데뷔 연주회를 가졌다. 4장, <불멸의 연인>에서 언급된 안토니 브렌타노의 이름을 땄다고 한다. 1998년 5월, 칸넨의 아내가 자동차 사고로 어린 자녀를 돌봐야 해서 첼리스트는 한국계 미국인 니나 마리아 리로 대체되었다, 칸넨은 이후에도 한번씩 객원 연주를 맡기도 했으며, 특히, 니나 리가 임신했을 때는 대체 첼리스트로 함께하기도 했다고 한다.

베토벤이 말년에 이런 곡들을 작곡하면서 친구에게 쓴 편지에는 이런 대목이 나온다.[123]

> **"고통이 버릇되려면 영혼이 이에 적응할 시간이 필요해. 영혼에게는 기쁨이 너무 필요하니까. 기쁨이 없으면 지어내기라도 해야 해."**

고통을 넘어 환희로 향하는 그의 인생 최후의 위대한 인간 승리의 여정을 엿볼 수 있는 대목이다. 그러니 베토벤의 이런 후기 작품들을 들은 바그너는 자신의 느낌을 이렇게 표현했다.[124]

> **"연주가 시작되면 우리는 즉시 모든 비교를 포기하고 다른 세계에서 오는 직접적인 계시에 귀를 기울여야 한다는 느낌이 든다."**

---

122 이하 슈베르트, 슈만, 및 바그너가 남긴 말들은 '위키백과'(<현악 4중주 14번(베토벤)> 편)에서 전재. 또한 이 말들은, 민은기, 주대창의『베토벤-고난을 딛고 환희로 나아가라』(북이십일 21세기 북스, 2016년), 155~156쪽에도 적혀 있다.

123 로맹 롤랑,『베토벤의 생애-서른 살 베토벤의 초상』(임희근 옮김, 포노, 2020년) 참조.

124 리하르트 바그너,『베토벤 순례』(홍은정 옮김, 포노, 2021년) 참조.

7.4. <교향곡 9번 "합창">

베토벤의 <교향곡 9번 라단조, 작품번호 125 "합창"> (이하 <교향곡 9번 "합창">)은 음악사적으로 볼 때도 정말 특별한 의미가 있다. 이 작품의 원본 악보는 2002년 유네스코(UNESCO) 세계기록유산[125]으로 등재될 만큼 역사적으로 특별하다. 베를린 주립 도서관에 소장되어 있는 200쪽 분량의 이 악보는 유네스코의 공식 보호를 받는 첫 번째 악보가 되었다.[126] 바그너가 평했듯이, "<교향곡 9번 "합창">은 베토벤의 가장 숭고한 순수함을 보여주는 작품"이다.[127] 후대의 많은 작곡가들이 이 '마의 9번'을 넘기 위해 노력했지만, 대부분 마의 벽을 넘지 못했다. 프란츠 슈베르트도 사실상 10개의 교향곡을 작곡했지만, <교향곡 7번 마단조, D729> 은 "미완성" 교향곡이다.

구스타프 말러마저도 11개의 교향곡을 작곡하였지만, 감히 '교향곡 9번'의 의미가 두려워 자신의 아홉 번째 교향곡을 9번이라 하지 못하고 <대지의 노래>라 붙였다. 20세기 들어와서야 드

---

125 UNESCO 곧, 유엔 교육 과학 문화 기구(United Nations Educational, Scientific and Cultural Organization)는 1945년 창설된 유엔의 전문 기구이다. 유네스코 세계기록유산 또는, 유네스코 세계의 기억 프로그램(UNESCO Memory-of-the-World Programme/Program)은 유네스코에서 기록물에 대해 제정하는 문화유산이다. 국제자문위원회가 심사하고 유네스코 사무총장이 승인하는 형식으로 선정된다. 국제자문위원회 회의는 1997년부터 매 2년마다 개최되고 있다.

126 <조선일보> 2002년 12월 20일자 보도 참조.

127 리하르트 바그너, 『베토벤 순례』 (홍은정 옮김, 포노, 2021년) 참조.

구스타프 말러

미트리 쇼스타코비치가 15개의 교향곡을 작곡하면서 9번의 벽을 넘었다. 하지만 쇼스타코비치마저 이 아홉 번째 교향곡으로 말미암아 스탈린 체재하에서 곤욕을 치를 뻔했다. 그래도 베토벤의 <교향곡 9번 "합창">을 뛰어넘는 작품이 나올 거라 잔뜩 기대했던 구소련의 독재 정치가 이오시프 스탈린(1878~1953년)을 보기 좋게 한 방 먹였다. 제2차 세계 대전도 승리로 이끌었겠다, 기고만장했던 스탈린은 승전을 축하하는 거대한 <교향곡 9번>을 기대했지만, **"어라, 이게 뭐야, 합창도 없고, 교향곡이 왜 이리 가벼워!"**라고 말했다고 한다.[128] 쇼스타코비치도 <교향곡 9번>이 두려웠던 걸까?

1822~1824년 사이 작곡된 <교향곡 9번 "합창">(1824년 5월 7일 초연)은 음악사뿐만 아니라 인류의 문명사에서 워낙 뛰어난 작품이라 여러 영화에서도 직·간접적으로 배경음악으로 다루어졌다.[129]

가장 주목할 만한 영화는 <카핑 베토벤>이다. 2006년에 개봉된 미국 영화로 폴란드의 아그니에슈카 홀란트(1948년~)가

128 앨리자베스 윌슨, 『쇼스타코비치-시대와 음악 사이에서』 (장호연 옮김, 돌배게, 2023년) 참조.

감독했다. 에드 헤리스(1950년 ~)가 베토벤 역을, 그리고 카핑 비서인 안나 홀츠는 다이앤 크루거(1976년~)가 맡았다. 카핑 비서란 작곡가가 쓴 자필 원고를 출판에 넘기기 전 정서하는 비서를 말한다. 영화가 설정한 허구의 가상 인물이다.

영화 <카핑 베토벤> 포스터

이 영화에서 베토벤은 말한다.

> **"음악은 신의 언어야... 우리 음악가들은 인간들 중 신과 가장 가까운 사람들이지. 우린 신의 목소리를 들어. 신의 입술을 읽고 신의 자식들을 태어나게 하지. 그게 음악가야."**

---

129 이 책에서는 <카핑 베토벤>, <레옹>, <불멸의 연인> 및 <죽은 시인의 사회>, 네 편의 영화에 대해서 언급할 것이다. 하지만 영화 줄거리의 극적인 전개를 위해 <교향곡 9번 "합창">이 유용하게 사용된 다른 영화들도 적지 않다. 이를 테면, 영국에 사는 청소년 알렉스 드라지(Alex DeLarge)의 인생을 다룬 영화 <시계태엽 오렌지 A Clockwork Orange>에 이 곡의 2악장 몰토 비바체(molto vivace; 매우 빠르고 경쾌하게)가 등장한다. 알렉스는 클래식 음악(특히 베토벤의 음악)을 즐겨 듣지만, 강간과 폭력을 저지르는 비행 청소년이다. 이 영화는 1962년에 영국 작가인 존 앤서니 버제스 윌슨(1917~1993년)이 출간한 동명의 소설을 바탕으로 1971년에 미국의 스탠리 큐브릭(1928 ~ 1999년)이 감독한 영화이다. 이 영화에는 또한 '루도비코 기법'이라고 불리는 아주 충격적이며 인상적인 행동 수정 치료 실험이 진행된다. 이 기술은 알렉스가 그래픽으로 폭력적인 영화를 보면서 메스꺼움을 유발하는 약물을 주사해 결국 폭력을 생각만 해도 심각한 병에 걸리도록 하는 혐오 요법의 한 형태이다. 베토벤의 <교향곡 9번 "합창">의 사운드 트랙은 알렉스를 예전처럼 그가 사랑하는 클래식 음악을 즐길 수 없게 만든다.-'위키백과' 참조.

완전히 청력을 상실한 채 마음으로만 (신과 교감한 것과 같이) 음악을 쓴 베토벤의 위대함을 엿볼 수 있는 대목이다. 이 영화를 보면 13분에 걸쳐 연주되는 웅장한 <교향곡 9번 "합창">의 4악장 <환희의 송가> 연주와 함께 완전히 귀가 먹은 상태에서 지휘하는 베토벤의 모습을 상상할 수 있다.

프리드리히 실러 독일 화가, 쿠니군데 소피에 루도비케 시마노비츠(1759 - 1827년)(부록, 도판 26 참조)가 그린 초상화(1793~1794년).

4악장에 등장하는 합창곡의 원래 제목은 요한 크리스토프 프리드리히 폰 실러가 쓴 "자유의 송가(Ode "An die Freiheit")"인데 베토벤이 "환희의 송가(Ode "An die Freude")"로 변경하였다. 노래는 다음과 같은 내용으로 되어 있다.

"O Freunde, nicht diese Töne!
Sondern laßt uns angenehmere
anstimmen und freudenvollere!
오 벗들이여! 이런 곡조는 아니오!
더 즐겁고 환희에 찬 곡조를 노래합시다!"[130]

130 얀 카이에르스, 『베토벤』(홍은정 옮김, 도서출판 길, 2018년), 751쪽 참조.

영화 <레옹>은 1994년에 개봉된 프랑스 영화이다.[131] 4장, <불멸의 연인>에서 언급한 바 있는 게리 레너드 올드먼은 같은 해에 개봉된 영화 <레옹>에서 마약 밀매업자와 결탁된 마약단속국 간부 노먼 스탠스필드 역할을 맡았다. 프랑스의 뤽 베송 감독(1959년~)의 영화 <레옹>은 외톨이

영화 <레옹> 포스터

살인청부업자 레옹(장 르노(1948년~) 분)과 부모님이 살해된 후 고아가 된 12세 소녀 마틸다 (나탈리 프트만(1981년~) 분)의 사랑을 다룬 영화이다

이 영화에서 스탠스필드는 마약을 복용한 채 마틸다의 가족을 살해하기 전에 **"난 폭풍이 치기 직전의 이 적막한 고요함이 좋아. 그건 베토벤을 연상시키지. 몸 안에서 끓어오르는 듯한 전주곡의 장엄함, 힘 그 자체지!"**라고 독백하는 장면이 등장한다. 이 영화를 찍기 전에 게리 올드만은 베토벤의 <교향곡 9번 "합창"> 중 4악장 <환희의 송가>를 머릿속으로 구상하며 그 연기를 펼쳤다고 한다. 영화 <레옹>에서 소름끼칠 정도의 명연기를 펼친 그가, 같은 해에 개봉된 영화 <불멸의 연인>에서 베토벤 역을 맡아 열연한 것을 생각하면 매우 흥미롭다. 영화 <레옹>에서, 마틸다 가족을 살해하기 위해 마

131 이하 영화 <레옹>과 베토벤 관련 내용들은 최영옥, 『영화가 사랑한 클래식』(다연, 2016년) 참조.

<레옹>에서 마틸다의 아버지를 살해하기 직전 마약에 취한 상태에서 부하에게 "너, 베토벤을 알아?"라고 묻는 장면의 게리 올드만.

<불멸의 연인>에서 <교향곡 9번 "합창">을 지휘하는 베토벤 역의 게리 올드만.

틸다 집에 왔을 때 위에서 말한 그 독백 바로 이어 부하에게 **"너, 베토벤을 알아?"**라고 묻는 장면을 보면, 게리 올드만이 자신이 먼저 촬영한 <불멸의 연인>을 생각하며, 그렇게 말했을 것이란 생각이 든다. 그가 마약에 취한 채 마틸다의 부모는 물론 심지어 어린 동생까지 무참하게 살해한 뒤, 창에 쳐진 주렴(珠簾)을 열기까지 지휘자처럼 손짓하며 걸어가는 그 순간 <환희의 송가>를 지휘하는 베토벤을 머릿속으로 떠올리지 않았을까?

---

132 로맹 롤랑, 『베토벤의 생애-서른 살 베토벤의 초상』 (임희근 옮김, 포노, 2020년) 참조. 실제 <교향곡 9번 "합창">은 1824년 빈의 케른트너토르 극장에서 초연되었다. 귀가 완전히 먹은 베토벤은 지휘자 옆에 자리를 잡고 악보를 보며 연주를 도왔는데 가끔은 엉뚱한 곳에서 손을 들곤 했다고 한다. 연주가 끝나고도 기립박수를 보내는 청중들의 환호 소리를 듣지 못한 것은 영화가 아닌, 역사적 사실이다. 알토 독창자 카롤리네 웅거(1803~1877년)가 청중의 환호를 듣지 못한 채 등을 돌리고 서 있는 베토벤의 손을 잡아 몸을 돌려세웠다고 한다.-최은규,『베토벤』(북이십일 아르테, 2020년), 216~217쪽 참조.

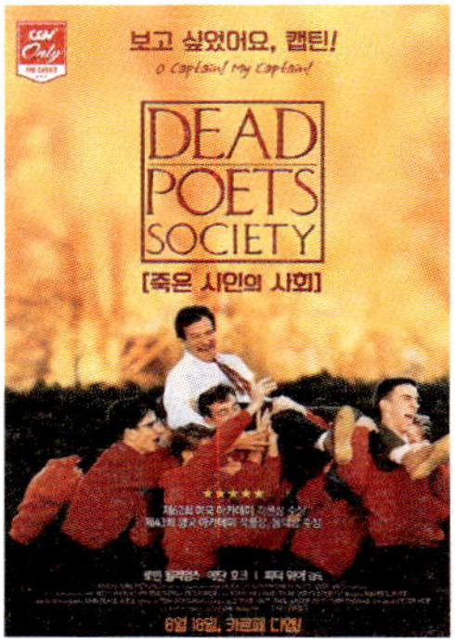

영화 <죽은 시인의 사회> 포스터

영화 <불멸의 연인>에서도 <교향곡 9번 "합창"> 4악장 <환희의 송가>가 등장한다. 자신의 지휘 아래 연주가 끝났지만, 환호하는 청중들의 소리를 듣지 못하자, 여성 성악가가 그의 손을 잡고 그를 청중 쪽으로 돌려 세웠을 때, 갑자기 청중들이 기립하여 모자를 흔들어 대며 박수갈채를 보내는 모습을 보고서 청중들의 환호하는 모습을 짐작했다고 한다.[132]

<교향곡 9번 "합창">이 등장하는 또 하나의 영화가 있다. 1989년에 개봉된, 오스트레일리아의 피터 위어(1944년~)감독의 <죽은 시인의 사회>이다. 이 영화는 진실한 교육이 무엇인가에 대해 다시 한번 떠올리게 하는 명작이다. 영어 교사 키팅 (로빈 윌리엄스(1951~2014년) 분)이 외치는 "카르페 디엠(Carpe diem)!" (곧, 'Seize the day!' ('오늘을 즐겨라!', '오늘 최선을 다

133 일설에 따르면 이 곡의 빈 초연 당시 관람석에 있던 한 프랑스군 장교가 "이 곡은 황제다!"라고 외친 것에서 황제라는 별명이 유래했다고 하는데 특별한 근거가 있는 이야기는 아니다. 다만 이 곡의 큰 규모와 화려한 피아니즘 및 곡 전체에 흐르는 남성적이고 영웅적인 분위기가 '황제'라는 별명과 나름 어울리는 측면이 있기 때문에 언젠가부터 출판업자들이 '황제'라는 별명을 사용하기 시작했고 현재에도 이 별명이 통용되고 있다. 1809년에 곡이 완성된 후 1811년 1월 13일에 요제프 프란츠 막시밀리안 폰 로브코비츠 공(일명, 로브코비치 공, 90쪽 참조)의 성에서 열렸던 정기 연주회에서 루돌프 대공의 독주로 처음 외부에 공개되었다. 이 초연 이후 약 3개월 후에 악보가 출판되었는데 이 악보는 루돌프 대공에게 헌정됐다.-'위키백과' 참조.

하라!'라는 뜻을 담고 있다))이라는 라틴어 명언이 아주 인상깊게 새겨지는 영화이다. 이 영화에서도 <교향곡 9번 "합창">은 키팅 선생의 도전적인 교육철학과 어울리게 멋지게 등장한다. 이 영화에서는 <교향곡 9번 "합창">과 함께 베토벤의 <피아노 협주곡 5번 내림마장조, 작품번호 73 "황제">[133]도 등장한다. 부모의 반대를 무릅쓰고 연극 공연 준비를 하던 닐 페리 (로버트 폴레비스 (1969년~) 분)가 키팅 선생의 방을 찾았을 때 흐르는 음악이었다. (닐은 나중에 권총 자살을 하게 되고, 그의 죽음의 배후로 키팅 선생이 지목되면서 키팅 선생은 학교에서 쫓겨난다.)[134]

베토벤은 사실 <교향곡 9번 "합창">에 담긴 4악장 합창을 <교향곡 10번>에 삽입할 계획을 마음에 담고 있었다고 한다. 죽기 직전인 1827년 3월 18일 친구에게 보낸 편지를 보면, **"초안을 다 잡은 교향곡 한 편이 새로 쓴 서곡 한 편과 함께 내 책상 서랍 속에 있네."**라고 되어 있다. 그의 교향곡 초안에 대한 메모는 남아 있지만, 실제 작품은 발견되지 않고 있다.[135]

그는 건강이 점점 나빠지자 <교향곡 10번>뿐만 아니라 <바흐 이름에 의한 서곡>, <파우스트> 등의 작품을 쓰겠다는 계획이나, 남프랑스 여행을 하겠다는 계획 등을 밝히지만, 실천에 옮기지는 못했다. <환희의 송가>는 <교향곡 10번> 혹은 <교향곡

134 최영옥, 『영화가 사랑한 클래식』 (다연, 2016년) 참조.

135 로맹 롤랑, 『베토벤의 생애-서른 살 베토벤의 초상』 (임희근 옮김, 포노, 2020년) 참조.

<교향곡 9번 "합창">을 지휘하는 베토벤 작자 미상, 19세기, 'WIKIPEDIA'에서 전재.

11번>을 위한 준비 곡이라고 한다. 사실상 1823년에 작곡된 <현악 4중주 15번 가단조, 작품번호 132> 곡을 <교향곡 9번 "합창">의 마지막 악장에 사용할 기악곡으로 생각하였다고 한다.

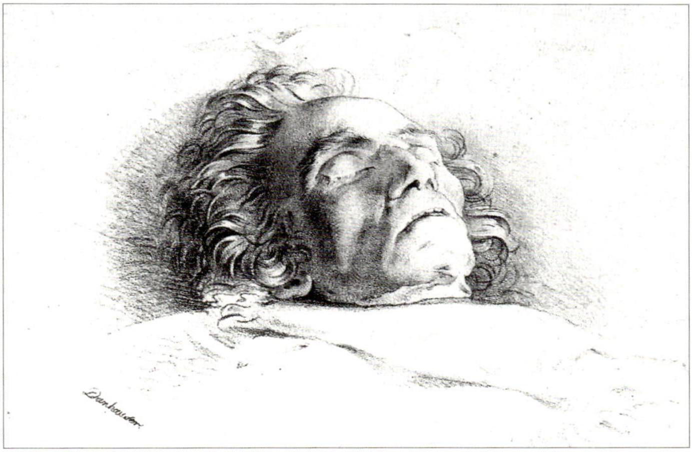

<임종 순간의 베토벤> 오스트리아 화가, 요제프 단하우즈(1805~1845년)(부록, 도판 27 참조) 그림(1827년).

사실 여부는 확인된 바 없지만, 베토벤은 임종하면서 **"친구들이여 박수를 치게, 희극(comedy)은 끝났네. (Plaudite amici, comoedia finita est!)"**라고 말했다고 전해진다. 로마 황제 아우구스투스(B.C. 63~A.D. 14년)가 한 이 말을 라틴어로 읊조렸다고 한다.[136]

예술의 융합적 차원에서 베토벤의 <교향곡 9번 "합창">과 관련하여 또 하나 빼놓을 수 없는 것이 있다. 오스트리아의 상징주의 화가, 구스타프 클림트의 벽화 <베토벤 프리즈(Beethoven Frieze)>이다.[137]

136 마르틴 게크, 『베토벤-사유와 열정의 오선지에 우주를 그리다』 (마성일 옮김, 북캠퍼스, 2020년), 446쪽에서 전재.

137 박소현, 『미술관에 간 클래식』 (믹스커피, 2023년) 참조. 프리즈는 벽화란 뜻이다.

'행복의 열망'(왼쪽 벽)

'적대하는 힘'(중앙 벽)

'온 세계에 보내는 입맞춤'(오른쪽 벽) 138

138 **<베토벤 프리즈>** 오스트리아 화가, 구스타프 클림트 (1862~1918년) (부록, 도판 28 참조) 그림 (1902년).

19세기 말, 20여 명의 오스트리아-헝가리 제국의 화가, 건축가들이 모여, 전위예술(아방가르드(avant-garde)동맹을 결성해, 기존 아카데미나 관 주도의 전시회에서 벗어나 자신들의 예술을 분리해 활동했다. 이른바 '분리파' 혹은 '빈 분리파'라 부르는 이들 중에는 클림트도 있었다. <키스> 등, 금박 그림과 노골적인 에로티시즘이 돋보이는 그림으로 유명하다. 1902년 제세시온 미술관에서 제14회 빈 분리파 전시회가 열렸는데, 당시의 베토벤 찬양 분위기에 걸맞게 전시회장에는 중앙에 막스 클링거(1857~1920년)의 베토벤 흉상이 전시되었고, 전시장의 중앙과 양편 벽은 클림트의 <베토벤 프리즈>로 장식되었다. 이 <베토벤 프리즈>는 베토벤의 <교향곡 9번 "합창">을 시각적으로 재현한 것으로 리하르트 바그너의 재해석을 바탕으로, '행복의 열망' → '적대하는 힘' → '온 세계에 보내는 입맞춤', 세 개의 섹션으로 나누어져 있다. '행복의 열망'에선 여인들이 천사들의 호위 아래 있는 강인한 전사인 베토벤을 통해 행복을 추구하는 모습을 보이고 있다. '적대하는 힘'에선 신들조차 대항할 수 없었다는 타이푼이 거대한 고릴라 모습으로 나타나 있고, 그의 세 딸 고르곤 곤, 질병, 광기, 죽음의 상징이 갈망, 음란, 무절제를 상징하는 여인들과 함께 그려져 있다. 그리고 세 번째 섹션인 '온 세계에 보내는 입맞춤'에선 거룩한 천사들의 합창과 함께 벌거벗은 남녀가 키스로 환희의 순간을 표현하고 있다. 1902년의 전시회에선 실제 이 세 번째 섹션을 둘러볼 때 <교향곡 9번 "합창">의 4악장 <환희의 송가> 합창곡을 들려 주었다고 한다.

8. 음악은 사랑의 식량이다

An engineering professor falls for Beethoven,

while walking through books, paintings, and films.

8. 음악은 사랑의 식량이다

영국의 바이올리니스트인 폴 로버트슨(1952~2016년)이, 죽기 직전에 펴낸 『음악의 풍경 - 삶에서 죽음으로 이르기까지의 한 음악인의 여정』이란 자신의 회고록에 쓴 아래 구절을 보자.[139]

> **"친밀감, 쾌락, 신뢰의 화학적 표식들인 옥시토신, 오피오이드, 세로토닌 같은 물질들 중 다수가 뇌 내의 음악적 보상 체계와 연관되어 있다는 사실은 놀랍지 않다. 음악은 사랑의 행동을 모방하고 반영하며 촉진한다. 음악은 진정한 '사랑의 식량'이다."**

폴 로버트슨의 글을 인용한 영국의 클래식 음악 작가이며 작곡가, 방송인인 스티븐 존슨 (1955년~)은 옥시토신의 역할에 대해 특히 강조하면서 이렇게 말했다.

> **"사랑의 호르몬으로도 통하는 화학 합성물 옥시토신이 모성애 또는 낭만적인 사랑의 유대감 형성에 중요한 역할을 한다는 건 과학적으로 입증된 사실이다."**

곧, 음악은 사람들에게 치유의 역할을 해준다는 뜻이다. 모든

---

139 스티븐 존슨, 『쇼스타코비치는 어떻게 내 정신을 바꾸었는가』 (김재성 옮김, 풍월당, 2019년), 127, 128쪽 참조.

음악들이 다 그렇겠지만 특히 베토벤의 음악이 사람의 마음에 치유의 역할을 하고 위로를 주는 예를 두 가지만 들고자 한다.

하나는, 영국 작곡가 에드워드 엘가 (1857~1934년)에 얽힌 일화이다. <위풍당당 행진곡, 작품번호 39>, <사랑의 인사, 작품번호 12> 등으로 잘 알려진 작곡가이다. 그는 어느 날 피아노에 앉아 즉흥곡을 연주한다. 그 소리를 들은 아내 캐롤라인 앨리스 엘가(1848~1920년)가 "아, 참 좋은 곡이네요."라고 하자, 곧장 작곡을 시작한다. 이 곡이 유명한 <'수수께끼' 창작 주제에 의한 14개의 관현악 변주곡, 작품번호 36 (일명 '수수께끼 변주곡')>이다. 그는 14개의 변주곡으로 된 이 곡에 각 번호마다 자기의 지인들 이름을 붙인다. 14번째는 자신의 이름을 붙였다. 그중 가장 유명한 곡이 9번째 곡인 Nimrod이다. Nimrod는 구약성경에 나오는, 인류 최초의 사냥꾼 이름이다. 그에겐 절친이 있었는데, 이름이 아우구스트 예거(1860~1909년)였다. 독일어로 예거(Jaeger)는 사냥꾼이란 뜻을 가지는데, 엘가는 9번째 변주곡에 예거를 생각해 구약성경의 사냥꾼 Nimrod를 붙인 것이다.

엘가가 슬럼프에 빠져 있을 때, 그는 예거와 함께 산책을 한다. 이때 어깨가 축 처져 걸어가는 엘가에게 베토벤의 <피아노 소나타 8번 다단조, 작품번호 13 "비창">을 이야기하면서, **"친구야, 힘내! 베토벤을 생각해!"**라고 그를 위로했다고 한다.[140] 곧, 완전히 귀가 먹은 최악의 병으로 고통받으면서도 위대한 음악을 남겼던 베토벤을 생각하고 힘을 내라는 뜻이었다. 엘가는 친구의

에드워드 엘가

캐롤라인 엘가

아우구스트 예거

그 말에 큰 위로를 받았다고 한다. 베토벤의 음악이 친구의 조언을 통해 엘가에게 '사랑의 식량'이 되어 준 셈이다.

그런가 하면 독일의 피아니스트였던 도로테아 폰 에르트만(1781~1849년)은 병으로 외동아들을 잃었다. 그로 인해 엄청나게 상심해 있던 그녀 부부에게 찾아간 베토벤은 아무 말 없이 그들을 위해 피아노 연주를 했다. 당시 그 장면은 이렇게 기억된다.

"거장은 아무 말도 없이 그녀가 흐느낄 때까지 한 시간 동안 연주만 했다."

도로테어 폰 에르트만 작자 미상(1810년), '위키백과'에서 전재.

그녀가 베토벤의 연주에 큰 위로를 받았음은 물론이다. 베토벤은 1816년 작곡된 <피아노 소나타 28번, 가장조, 작품번호 101>을 그녀 곧, "도로테아-체칠리아"[141]에게 헌정하였다. 이 곡은 132쪽에서 언급한 바와 같이 완전히 귀가 먼 상태에서 변화되기 시작한 스타일로 작곡된 그의 첫 번째 피아노 소나타라 매우 의미있는 곡이다.

---

140 《풍월한담》 9호 <쇼스타코비치> (풍월당, 2022년) 참조.

141 체칠리아(혹은 세실리아; ? - 230년?)는 로마제국에서 순교한 가톨릭의 성인이다. 그녀는 자신의 반대에도 불구하고 발레리아누스라는 청년과 결혼을 하였는데, 전설에 따르면 체칠리아는 자신의 결혼식 때에 마음속으로 오직 하느님만을 찬양하는 노래를 부르며 그에게 동정 서약을 하는 기도에 완전히 몰입하였기 때문에 정작 결혼 음악과 환호 소리를 듣지 못했다고 한다. 『가톨릭대사전』에 따르면, 이 때문에 정작 음악과는 관련이 없지만, 그 이후로 '오르간의 성녀'라고 불리었는데, "오르간과 함께 노래하면서 그녀는 마음으로 그녀의 주님께 노래했다."고 기록되어 있다. 가톨릭 성화를 보면 주로 오르간이나 비올라를 연주하는 모습으로 그려져 있다. 성녀 체칠리아에 관한 더 자세한 이야기들과 관련 그림들은 이장직, 『음악을 보고 그림을 듣다』 (경북대학교출판부, 2021년), 67~84쪽 참조.

베토벤은 도로테아에게 친분을 과시함과 함께 그녀의 피아노 연주 실력에 대한 최상의 찬사 의미로, '음악의 성녀'인 체칠리아 이름을 붙여 그녀를 '도로테아-체칠리아'로 불렀을 것으로 생각된다.

포스트루드

An engineering professor falls for Beethoven,

while walking through books, paintings, and films.

포스트루드[142]

이상 융합적 시각으로 베토벤의 삶과 음악에 대해 살펴보았다. 책을 읽으며, 그림이나 영화를 보면서, 자신의 삶을 통해 "고통을 통해 환희"를 창조한 한 위대한 인간의 모습을 보여 준 베토벤에 대해 공학자이자 수필가인 필자가 '붓가는 대로' 필자 나름 대로의 생각들을 펼쳐 보였다. 영원히 존속할 불멸의 음악을 남긴 베토벤을 통해, 독자들도 오늘 이 시간, 시간과 공간을 넘어 그의 음악에 귀 기울여 보기를 바라는 마음이다.

워낙 이름난 위인인 베토벤인 만큼, 그의 삶과 음악 세계에 관한 많은 책들이 출간되어 있다. 나아가 그를 직접 다룬 영화뿐만 아니라 영화의 극적 전개나 등장인물들의 심리를 대변하기 위한 배경음악으로도 베토벤의 음악은 널리 활용되어 왔다. 이 책에서는 필자가 개인적으로 깊은 인상을 받았던 문학책, 그림, 그리고 영화들만 다루었다. 독자들께 이 책에서 언급된 책이나 그림, 영화들뿐만 아니라, 전문지식 부족으로 필자가 채 알지 못했던 책이나 그림, 영화들도 함께 감상하면서 딜레탕트 수준을 뛰어넘어 진정한 음악 애호가로서 베토벤의 삶과 음악 세계에 좀 더 깊이 빠져들어 보기를 권하고 싶다.

---

142 포스트루드(postlude)는 작곡의 본문 이후에 연주되는 음악 작품의 결론 부분을 나타낸다. 보통 책이나 연극 등에서 마무리 짓는 부분을 에필로그(epilogue)라 하지만, 이 책이 베토벤을 다룬 책인 만큼 음악적 분위기를 위해 이 표현을 사용하였다.

이 책을 집필하면서 참조하였던 도서 목록을 이 책 말미에 따로 정리해둔다. 이 책에 언급된 내용에 대해 좀 더 자세히 알고 싶은 독자분들은 말미의 책들도 함께 읽으면 좋을 것이다. 특히, 조수철, 『베토벤의 삶과 음악 세계』 (서울대학교출판문화원, 2002년) / 마르틴 게크, 『베토벤-사유와 열정의 오선지에 우주를 그리다』 (마성일 옮김, 북캠퍼스, 2020년) / 로맹 롤랑, 『베토벤의 생애-서른 살 베토벤의 초상』 (임희근 옮김, 포노, 2020년) / 얀 카이에르스, 『베토벤』 (홍은정 옮김, 도서출판 길, 2018년) / 최은규, 『베토벤』 (북이십일 아르테, 2020년) / 최영옥, 『영화가 사랑한 클래식』 (다연, 2016년) / 김태용, 『영화관에 간 클래식』(페이스메이커, 2019년) 등이 많은 도움이 되어 주었다. 참고도서로 수록된 그 밖의 책들도 이 책을 집필하는데 큰 도움이 되어 주었다.

그런데 우리나라 필자들에 의해 출판된 베토벤 관련 책들을 읽으면서, 책마다 좀 읽는 느낌이 달랐다는 점도 가볍게 언급할 필요가 있을 것 같다. 곧, 음악 전문가들이 펴낸 책들과 비전문가들이 펴낸 책들을 읽을 때의 느낌의 차이이다. 물론, 필자만의 개인적인 생각이다. 바이올리니스트 겸 음악 평론가인 최은규의 『베토벤』 (북이십일 아르테, 2020년), 피아니스트인 임현정의 『당신에게 베토벤을 선물합니다』 (원앤원북스, 2020년)나, 작곡이론가 민은기, 음악학자 주대창의 『베토벤-고난을 딛고 환희로 나아가라』(북이십일 21세기 북스, 2016년) 같은 책들은 음악 전문가들이 집필한 만큼 내용도 매우 충실하다. 문인 못지않게 글솜씨들도 훌륭하다.

반면, 의사가 본업인 조수철의 『베토벤의 삶과 음악 세계』(서울대학교출판문화원, 2002년)나 노동법 학자인 박홍규의 『베토벤 평전-갈등의 삶, 초월의 예술』(가산출판사, 2003년) 같은 책들은 비전문가들이 쓴 책들이다. 작가가 음악 전문가이든 아니든 모두 훌륭한 책들로 독자들에게 베토벤의 삶과 음악 세계에 대해 다양한 정보를 제공해 주고 있다. 하지만 필자는 비전문가들의 책들로부터 조금 더 큰 감화를 받았다. 어쩌면 비전문가들이 음악을 좋아할 때 느끼는 아마추어들의 동류의식 같은 걸 느꼈기에 더 필자의 가슴에 와닿았는지도 모르겠다. 하지만 필자 같은 딜레탕트에 비하면 그분들은 거의 음악가 혹은 음악학자에 가까운 전문가 수준으로 여겨진다.

그런 만큼 공학자이면서 수필가로서 베토벤에 관해 느낀 바를 '붓 가는 대로' 옮기다 보니, 전문가의 책이나 전문가에 가까운 아마추어 애호가들의 베토벤을 다룬 책들에 비해서는 아무래도 내용이 부족할 수밖에 없을 것이다. 이 책의 집필 목적은 베토벤의 삶과 음악 세계에 대한 학술 연구서가 아니다. 그저 융합적 차원에서 음악을 좋아하고, 문학과 그림, 영화 등을 자신의 입맛대로 맛보고자 하는 문화 미식가들을 위한 가벼운 이야깃거리를 제공하고자 하는 의도에서 집필된 것이기에 필자의 입맛에 맞는 내용만 골라 다루었다. 그러다 보니 기존에 출판된 베토벤 관련 책들보다 내용에 있어 부족함이 많을 것이다. 게다가 관련 책들이나 인터넷 정보 등을 참조하였다 하더라도, 그런 정보들조차 부정확한 것이 있을 수 있으므로, 어쩌면 잘못된 내용을 포함하고 있을 수도 있을 것이다. 그렇다 하더라도 내용에 있어 잘못된 점이 있으면 전적으로 필자의 전문지식 부족으로 말미암은 것이므로 이에 대해 미리 양해를 구하고자 한다. 이 책에 서술된 내용에 혹시 잘못이 있을 경우 독자들의 따끔한 지적을 기대한다.

한편, 저작물들의 소중한 저작권을 존중해드리기 위해 이 책에 인용한 글귀는 물론이고 전재한 그림들이나 사진들은 최대한 출처를 꼼꼼히 밝혔다. 필자의 잘못이나 정보 부족으로 저작권에 위배되는 인용문이나 전재된 자료가 없길 바랄 뿐이다. 이 책은 주로 필자 같은 이공계 전공자나 음악 비전공 대학생 혹은 예술 애호가들을 위한 <예술의 융합> 교육 자료용으로 집필되었다. 혹시라도 저자가 인식하지 못한 채 저작권을 침해한 사례가 있을 경우는 언제든 필요한 조치를 취할 것임을 밝혀둔다.

참고도서

베토벤의 삶과 음악 세계

1. 최윤희, 『음악가들이 그린 풍경』 (책과나무, 2016년).

2. 《풍월한담》 3호 <베토벤> (풍월당, 2020년)

3. 로맹 롤랑, 『베토벤의 생애-서른 살 베토벤의 초상』 (임희근 옮김, 포노, 2020년)

4. 테오도르 W. 아도르노, 『베토벤, 음악의 철학- 단편들과 텍스트』 (문병호, 김방현 옮김, 세창출판사, 2014년)

5. 심승진, 『음악에서 경제를 듣다-농업혁명에서 AI혁명까지』 (교학사, 2022년)

6. 조수철, 『베토벤의 삶과 음악 세계』 (서울대학교출판문화원, 2002년)

7. 마르틴 게크, 『베토벤-사유와 열정의 오선지에 우주를 그리다』 (마성일 옮김, 북캠퍼스, 2020년)

8. 얀 카이에르스, 『베토벤』 (홍은정 옮김, 도서출판 길, 2018년)

9. 박홍규, 『베토벤 평전-갈등의 삶, 초월의 예술』 (가산출판사, 2003년)

10. 최은규, 『베토벤』 (북이십일 아르테, 2020년)

11. 임현정, 『당신에게 베토벤을 선물합니다』 (원앤원북스, 2020년)

12. 민은기, 주대창, 『베토벤- 고난을 딛고 환희로 나아가라』 (북이십일 21세기 북스, 2016년)

13. 리하르트 바그너, 『베토벤 순례』 (홍은정 옮김, 포노, 2021년)

14. 이지혜, 『클래식에서 리더의 언어를 배우다 』 (다연, 2017년)

쇼스타코비치 관련

15. 솔로몬 볼크프 엮음, 『드미트리 쇼스타코비치 회고록-증언』 (김병화 옮김, 온다프레스, 2019년)

16. 앨리자베스 윌슨, 『쇼스타코비치- 시대와 음악 사이에서』 (장호연 옮김, 돌배게, 2023년)

17. 스티븐 존슨, 『쇼스타코비치는 어떻게 내 정신을 바꾸었는가』(김재성 옮김, 풍월당, 2019년)

18. 《풍월한담》 9호 <쇼스타코비치> (풍월당, 2022년)

미술, 음악, 영화, 그리고 베토벤

19. 오수현, 『스토리 클래식』 (백도씨, 2022년)

20. 최영옥, 『영화가 사랑한 클래식』 (다연, 2016년)

21. 김태용, 『영화관에 간 클래식』 (페이스메이커, 2019년)

22. 안인모, 『루브르에서 쇼팽을 듣다』 (지식서재, 2024년)

23. 박소현, 『미술관에 간 클래식』 (믹스커피, 2023년)

24. 이장직, 『음악을 보고 그림을 듣다』 (경북대학교출판부, 2021년)

문학, 그리고 베토벤

25. 하창식, 『무지갯빛 성장 소설 이야기』 (부산대학교출판문화원, 2024년)

26. 로맹 롤랑, 『장 크리스토프』 (손석린 옮김, 동서문화사, 2016년)

27. 『플루타르코스 영웅전 세트』 (신복룡 옮김, 을유문화사, 2021년)

28. 『대세계 철학적문학전집』 (정진웅, 최민홍, 김기혜 옮김, 백문당, 1978년) 중 「에그몬트」

29. 윌리엄 셰익스피어, 『템페스트』 (이경식 옮김, 문학동네, 2009년)

30. 레프 톨스토이, 『크로이처 소나타』 (김경준 옮김, 뿌쉬낀하우스, 2016년)

31. 레프 톨스토이, 『부활』 (박형규 옮김, 민음사, 2003년)

32. 올더스 헉슬리, 『연애대위법』 (동서문화사, 2013년)

부 록

도판. 이 책에 수록된 그림이나 초상화 작가들의 자화상 또는 초상.

1. 마리아 바르바라 크라프트

2. 요제프 카를 슈틸러

3. 프란츠 한프스타엔글

4. 베네딕트 베켄캄프

5. 발타자르 데너

6. 요한 야코프 하이트

7. 레오폴트 쿠펠비저

8. 요제프 에두아르드 텔처

9. 요한 밥티스트 폰 람피 더 엘더와 요한 밥티스트 폰 람피 더 영거 부자

10. 윌리엄 샤프

11. 요제프 크리후버

12. 펠릭스 스톤 모셀레스

13. 에두아르드 마그누스

14. 루트비히 에밀 그림

15. 아돌프 프리드리히 에르트만 폰 멘첼

16. 가스파레 랜디

17. 앙겔리카 카우프만

18. 존 윌리엄 워터하우스

19. 조지 롬니

20. 에듬 케느데

21. 르네 프리네

22. 리오넬로 발레스트리에리

23. 크리스티안 오르네만

24. 윌리엄 터너

25. 뉴웰 컨버스 와이어스

26. 루도비케 시마노비츠

27. 요제프 단하우즈

28. 구스타프 클림트

공학자,
베토벤에 빠지다

초판 인쇄 2024년 7월 9일
초판 3쇄 2025년 12월 24일

저자 하창식

디자인·편집 배영미

발행인 최재원
펴낸곳 도서출판 문창별
출판등록 제1983-000001호 1983.11.10.
부산광역시 금정구 부산대학로 63번길 2 (우편번호46241)
대표전화 051-510-1932 팩시밀리 051-512-7812
www.press.pusan.ac.kr

* 잘못된 책은 구입한 서점에서 교환해 드립니다.

정가 22,000원

ISBN 978 - 89 - 7316 - 803 - 3 (03600)

도서출판 문창별 은 부산대학교출판문화원의 출판 임프린트 브랜드입니다.